Né en 1969, Suisse d'origine et
Anglais d'adoption, Alain de Botton a étudié
dans une école française avant de terminer ses études
en Grande-Bretagne. Avant d'avoir atteint la trentaine, il a déjà publié cinq livres, parmi lesquels trois
romans, *Petite philosophie de l'amour* (paru en 1993,
salué par une presse unanime et traduit en quatorze
langues), *Le plaisir de souffrir* (1994) et *Portrait
d'une jeune fille anglaise* (1995), et un essai :
Comment Proust peut changer votre vie (1997). Distance, humour et subtilité se mêlent dans cette œuvre
qui a su trouver le ton juste pour aborder les grands
thèmes de la littérature et porter un regard neuf sur
l'une de ses figures majeures.
Alain de Botton vit aujourd'hui à Londres et partage
son temps entre ses romans et ses activités de critique.

Retrouvez toute l'actualité d'Alain de Botton sur
www.alaindebotton.com

L'ART DU VOYAGE

DU MÊME AUTEUR
CHEZ *POCKET*

PETITE PHILOSOPHIE DE L'AMOUR
LE PLAISIR DE SOUFFRIR
COMMENT PROUST PEUT CHANGER VOTRE VIE
PORTRAIT D'UNE JEUNE FILLE ANGLAISE
LES CONSOLATIONS DE LA PHILOSOPHIE

ALAIN DE BOTTON

L'ART DU VOYAGE

*Traduit de l'anglais
par Jean-Pierre Aoustin*

MERCURE DE FRANCE

Le Code de la propriété intellectuelle n'autorisant, aux termes de l'article L. 122-5 (2ᵉ et 3ᵉ a), d'une part, que les « copies ou reproductions strictement réservées à l'usage privé du copiste et non destinées à une utilisation collective » et, d'autre part, que les analyses et les courtes citations dans un but d'exemple ou d'illustration, « toute représentation ou reproduction intégrale ou partielle faite sans le consentement de l'auteur ou de ses ayants droit ou ayants cause est illicite » (art. L. 122-4).
Cette représentation ou reproduction, par quelque procédé que ce soit, constituerait donc une contrefaçon sanctionnée par les articles L. 335-2 et suivants du Code de la propriété intellectuelle.

© Alain de Botton, 2002.
© Mercure de France, 2003, pour la traduction française.
ISBN : 2-266-13075-7

Pour Michele Hutchison

DÉPART

I.	*DE L'ANTICIPATION*	13
II.	*DES LIEUX DE VOYAGE*	39

MOTIFS

III.	*DE L'EXOTISME*	77
IV.	*DE LA CURIOSITÉ*	113

PAYSAGES

V.	*DE LA CAMPAGNE ET DE LA VILLE*	143
VI.	*DU SUBLIME*	171

ART

VII.	*DE L'ART RÉVÉLATEUR*	197
VIII.	*DE LA POSSESSION DE LA BEAUTÉ*	231

RETOUR

IX.	*DE L'HABITUDE*	259

DÉPART

I

DE L'ANTICIPATION

Lieux	*Hammersmith, Londres*	*La Barbade*
Guide	*J.-K. Huysmans*	

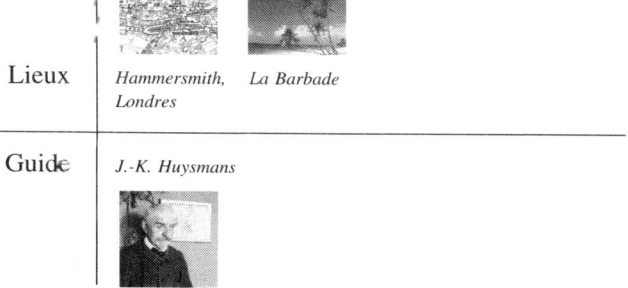

1.
Il était difficile de dire quand exactement l'hiver était arrivé. Le déclin avait été progressif, comme celui de la vieillesse, insensible d'un jour à l'autre jusqu'à ce que la saison fût devenue une implacable réalité. D'abord les soirées fraîchirent, puis vinrent des périodes de pluie incessante, des rafales chaotiques de vent d'ouest, l'humidité, la chute des feuilles et les journées de plus en plus courtes – bien qu'il y eût encore parfois des moments de répit, des matins où l'on pouvait sortir sans manteau et où le ciel était dégagé. Mais c'étaient comme de faux signes de guérison chez un patient que la mort a déjà condamné. En décembre l'hiver était bien là, et la ville était recouverte presque chaque jour d'un sinistre voile nuageux gris acier, comme dans un tableau de Mantegna ou de Véronèse – la toile de fond parfaite pour une *Crucifixion* ou pour une journée sous les draps. Le parc du quartier devint une étendue désolée de boue et d'eau, éclairée la nuit par la lueur striée de pluie des lampadaires. En y passant un soir pendant une forte averse, je me rappelai que, dans la chaleur intense de l'été précédent, je m'étais allongé sur la pelouse et déchaussé pour sentir l'herbe sous mes pieds nus, et que ce contact direct avec la terre m'avait donné un sentiment de liberté et d'expansion, l'été brisant les

frontières habituelles entre le chez-soi et le dehors, et me permettant de me sentir autant chez moi dans le monde que dans ma chambre.

Mais le parc et la pelouse étaient redevenus des lieux inhospitaliers et lugubres sous la pluie continue. Toute tristesse que je pouvais ressentir, tout soupçon que le bonheur ou la compréhension étaient inaccessibles semblait trouver un prompt encouragement dans les immeubles de brique rouge foncé ruisselants et le ciel bas teinté d'orange par les lampadaires.

De telles circonstances climatiques, ainsi qu'une série d'événements qui se produisirent vers cette époque (et qui semblaient confirmer la maxime de Chamfort selon laquelle il faudrait avaler un crapaud chaque matin pour être sûr de ne rien subir de plus déplaisant dans la journée) conspirèrent à me rendre particulièrement sensible à l'arrivée non sollicitée, en fin d'après-midi, d'une grande brochure illustrée de photos aux couleurs vives et intitulée *Soleil hivernal*. Sur la couverture figurait une rangée de cocotiers, dont beaucoup poussaient en biais, le long d'une plage bordant une mer turquoise, sur fond de collines où j'imaginais des cascades et une agréable fraîcheur à l'ombre d'arbres fruitiers odorants. Les photos me rappelaient les tableaux de Tahiti que William Hodges a rapportés de son voyage avec le capitaine Cook, représentant des lagons tropicaux dans une douce lumière vespérale, où de souriantes jeunes indigènes batifolent avec insouciance (et nu-pieds) au milieu d'une végétation luxuriante, des images qui avaient suscité de l'émerveillement et du désir quand le peintre les avait exposées à la Royal Academy de Londres durant l'âpre hiver 1776 – et qui continuaient à fournir un modèle pour la représentation de lieux tropicaux idylliques, comme ceux qu'on découvrait dans les pages de *Soleil hivernal*.

Ceux qui avaient conçu cette brochure avaient compris intuitivement avec quelle facilité leurs lecteurs pouvaient succomber au charme de photographies dont le pouvoir insultait l'intelligence et bafouait toute idée de libre arbitre : des photos surexposées de cocotiers, de ciels bleus et de plages blanches. Des lecteurs qui eussent été capables de scepticisme et de prudence dans d'autres circonstances revenaient, au contact de ces éléments, à une innocence et un optimisme primitifs. Le désir suscité par cette brochure constituait un exemple, à la fois touchant et ridicule, de la façon dont des projets (et même des vies entières) peuvent être influencés par les images de bonheur les plus simples et les moins soumises à examen. Un voyage long et ruineux peut résulter de rien de plus que la vue d'une photo de cocotiers s'inclinant doucement dans une brise tropicale.

Je décidai d'aller dans l'île de la Barbade.

2.
Si nos existences sont dominées par une recherche du bonheur, peu d'activités peut-être révèlent autant de choses sur la dynamique de cette quête – dans toute son ardeur et tous ses paradoxes – que nos voyages. Ils expriment, si mal que ce soit, une compréhension de ce que la vie pourrait être, en dehors des contraintes du travail et de la lutte pour la survie. Et pourtant ils sont rarement jugés de nature à poser des problèmes philosophiques, c'est-à-dire nécessitant une réflexion au-delà du domaine pratique. On nous abreuve de conseils au sujet de destinations possibles, mais on ne nous parle guère des raisons que nous pouvons avoir d'y aller – bien que l'art du voyage semble soulever naturellement un certain nombre de questions ni si simples ni si futiles que cela, et dont l'étude pourrait contribuer

William Hodges, *Retour à Tahiti*, 1776

modestement à nous faire comprendre ce que les philosophes grecs appelaient superbement *eudaimonia*, ou épanouissement humain.

3.
Une de ces questions concerne le rapport entre l'anticipation du voyage et sa réalité. Je lisais justement le roman de J.-K. Huysmans *À rebours*, publié en 1884, dont le héros, veule et misanthrope, l'aristocratique duc des Esseintes, envisage d'aller à Londres, ce qui donne lieu à une analyse excessivement pessimiste de la différence entre ce qu'on imagine d'un endroit et ce qui peut arriver quand on l'atteint.

    L'auteur raconte que le duc des Esseintes vivait seul dans une grande maison à Fontenay-aux-Roses. Il sortait rarement pour éviter ce qu'il jugeait être la laideur et la bêtise d'autrui. Un après-midi, dans sa jeunesse, il s'était aventuré dans un village proche pendant quelques heures et avait senti croître sa haine des gens. Depuis lors il avait décidé de passer ses journées seul au lit dans son cabinet d'étude, à lire les classiques de la littérature et formuler des pensées acerbes sur l'humanité. Pourtant, un matin, il se surprit lui-même en éprouvant un vif désir d'aller à Londres. Ce désir lui était venu en lisant un volume de Dickens au coin du feu, livre qui « déterminait des visions de l'existence anglaise qu'il ruminait pendant des heures ». N'y tenant plus, il ordonna à son domestique de faire ses bagages, se chaussa de brodequins à agrafes, revêtit un complet gris souris, se coiffa d'un petit melon, s'enveloppa d'un macfarlane bleu lin et prit le premier train pour Paris. Comme il lui restait du temps avant le départ du train de Londres, il se rendit à la librairie anglaise *Galignani's Messenger*, rue de Rivoli, et y acheta un guide Baedeker de Londres. Ses descriptions laconiques des attractions londoniennes le plongèrent dans une délicieuse rêverie. Puis il s'arrêta dans une cave à vins du voisinage, fréquentée surtout par des Anglais. L'atmosphère y était typiquement dickensienne : il songea à « la ville du romancier, la maison bien éclairée, bien chauffée, bien servie, bien close, les bouteilles lentement versées par la petite Dorrit, par Dora Copperfield, par la sœur de Tom Pinch ». Un client avait les cheveux blancs et le teint enflammé de Mr Wickfield, un autre « la mine flegmatique et rusée et l'œil implacable » de Mr Tulkinghorn.

Sentant des tiraillements d'estomac, des Esseintes alla ensuite dans une taverne anglaise, rue d'Amsterdam, près de la gare Saint-Lazare. Là il faisait sombre et la pièce était enfumée ; il y avait une rangée de pompes à bière le long d'un comptoir, près de jambons aussi culottés que de vieux violons et des homards couleur de minium. De robustes Anglaises aux faces de garçon, aux dents larges comme des palettes, aux joues colorées, en pomme, aux longues mains et aux longs pieds étaient assises à de petites tables en bois. Des Esseintes trouva une table libre et commanda de la soupe à la queue de bœuf, du haddock, un rosbif aux pommes, deux pintes d'ale et un morceau de fromage bleu de Stilton.

Cependant, alors qu'approchait le moment de monter dans son train et l'occasion de transformer ses rêves en réalité, il fut soudain envahi par une grande lassitude. Comme ce serait fatigant, pensa-t-il, d'aller réellement à Londres – il lui faudrait se précipiter aux guichets, se bousculer aux bagages, monter dans le train, puis dormir dans un lit inconnu, faire la queue ici et là, supporter le froid et mener sa frêle carcasse dans les lieux que Baedeker avait si laconiquement décrits, et gâter ainsi ses rêves : « À quoi bon bouger, quand on peut voyager si magnifiquement sur une chaise ? N'était-il pas [déjà] à Londres dont les senteurs, dont l'atmosphère, dont les habitants, dont les pâtures, dont les ustensiles, l'environnaient ? Que pouvait-il donc espérer, sinon de nouvelles désillusions ? » Encore assis à sa table, il se dit : « Enfin quelle aberration ai-je donc eue pour avoir tenté de renier des idées anciennes, pour avoir condamné les dociles fantasmagories de ma cervelle, pour avoir, ainsi qu'un véritable béjaune, cru à la nécessité, à la curiosité, à l'intérêt d'une excursion ? »

Alors il régla l'addition, quitta la taverne et reprit le premier train pour rentrer chez lui, avec ses malles, ses paquets, ses valises, ses couvertures, ses parapluies et ses cannes – et ne sortit plus jamais de sa maison.

4.
L'idée que la réalité du voyage ne correspond pas à ce que nous en attendons nous est familière. L'école pessimiste, dont des Esseintes pourrait être un membre honoraire, soutient en effet que la réalité est toujours nécessairement décevante. Il peut être plus vrai et plus gratifiant de suggérer qu'elle est essentiellement *différente*.

Après deux mois d'anticipation, par un bel après-midi de février ensoleillé, l'avion où je me trouvais avec M., ma compagne de voyage, se posa sur la piste de l'aéroport Grantley Adams, à la Barbade. La distance de l'appareil aux bâtiments bas de l'aéroport était courte, mais assez longue pour qu'on prenne conscience d'un profond changement climatique. En quelques heures seulement, j'étais passé d'un froid glacial à une chaleur moite qui n'aurait pu régner dans mon pays avant cinq mois, et qui, même alors, n'aurait jamais atteint une telle intensité.

Rien n'était comme je l'avais imaginé – ce qui n'est guère surprenant, si l'on considère *ce que* j'avais imaginé. Au cours des semaines précédentes, l'idée que je me faisais de l'île avait reposé exclusivement sur trois images mentales fixes provenant de la lecture d'une brochure touristique et d'un horaire de compagnie aérienne. La première était celle d'une plage avec un cocotier se profilant sur le soleil couchant. La deuxième, celle d'un bungalow d'hôtel dont la porte-fenêtre laissait voir une pièce avec un sol en bois et un lit aux draps blancs. Et la troisième celle d'un ciel d'azur.

J'aurais certes volontiers admis que cette île devait receler d'autres éléments, mais je n'en avais pas eu besoin pour me forger de cet endroit une impression crédible. Je me comportais comme le spectateur de théâtre qui imagine sans peine que l'action sur scène se déroule dans la forêt de Sherwood ou la Rome antique parce qu'on a peint sur la toile de fond une seule branche de chêne ou une colonne dorique.

Mais quand j'y arrivai, de nombreuses choses clamèrent qu'elles méritaient elles aussi d'être incluses dans ce que représente le mot « Barbade ». Par exemple, un grand réservoir à essence orné du logo jaune et vert de British Petroleum et un petit box en contreplaqué où un agent du service d'immigration, en uniforme brun immaculé, regardait avec une expression de curiosité et de tranquille étonnement (comme un érudit examinant les pages d'un manuscrit dans une bibliothèque) les passeports d'une file de touristes qui commençait à s'étendre jusqu'en dehors de l'aérogare et sur le tarmac. Il y avait un panneau publicitaire – une réclame pour du rhum – au-dessus du tapis de distribution des bagages, une photo du Premier ministre dans le couloir menant à la douane, un bureau de change dans le hall d'arrivée et une horde confuse de chauffeurs de taxi et de guides à l'extérieur du bâtiment. Et s'il y avait un problème avec cette profusion d'images, c'était qu'elles rendaient étrangement plus difficile de *voir* la Barbade que j'étais venu visiter.

Il n'y avait eu dans mon esprit qu'un vide entre l'aéroport et mon hôtel : rien entre la dernière phase du voyage (le mélodieux « Arrivée du vol BA 2155 à 15 heures 35 ») et ma chambre d'hôtel. Je n'avais pas pensé (et renâclais maintenant intérieurement en les découvrant) à ce carrousel à bagages avec son tapis en caoutchouc usé, ces deux mouches voletant au-dessus d'un cendrier débordant de mégots, ce ventilateur géant tournant dans le hall d'arrivée, ce taxi blanc au tableau de bord garni d'une fausse peau de léopard, ce chien errant sur un terrain vague au-delà de l'aéroport, cette publicité pour des « appartements de luxe » à un rond-point, cette usine Bardak Electronics, cette rangée de bâtiments avec des toits de tôle rouges et verts, cette poignée en caoutchouc fixée au montant central du taxi, sur laquelle était écrit en très petits caractères « Volkswagen, Wolfsburg », ce buisson aux fleurs éclatantes dont j'ignorais le nom, cette réception d'hôtel où des horloges indiquaient l'heure en six points du monde différents, et cette carte épinglée au mur d'à côté qui disait, avec deux mois de retard : « Joyeux Noël. » Ce ne fut que plusieurs heures après mon arrivée que je « retrouvai » ma chambre imaginée, quoique je n'eusse eu aucune image mentale préalable de son grand climatiseur, ni, même si elle était la bienvenue, de sa salle de bains, qui était faite de panneaux de Formica, et où une affichette recommandait sévèrement aux usagers de ne pas gaspiller l'eau.

Si nous avons tendance à oublier qu'il y a infiniment plus de choses dans le monde que ce à quoi nous nous attendons, la faute en revient peut-être un peu aux œuvres d'art, car nous y trouvons le même processus de simplification ou de sélection que celui qui caractérise l'imagination. Le discours artistique implique d'importantes abréviations de ce que la réalité nous impose. Un livre de voyages peut nous dire, par exemple, qu'un narrateur a voyagé tout l'après-midi pour atteindre le bourg montagnard de X et qu'il s'est réveillé, après une nuit passée dans un monastère médiéval, à la lueur d'une aube brumeuse. Mais nous ne voyageons jamais simplement tout un après-midi. Nous nous asseyons dans un train. Nous digérons difficilement notre déjeuner. Le tissu de la banquette est gris. Nous regardons un champ par la fenêtre, puis de nouveau le compartiment. De vagues anxiétés affleurent à notre conscience. Nous remarquons une étiquette attachée à une valise sur le porte-bagages au-dessus de la banquette opposée. Nous tapotons d'un doigt le rebord de la fenêtre. L'ongle cassé d'un index accroche un fil. Il commence à pleuvoir. Une goutte laisse une trace boueuse sur la vitre poussiéreuse. Nous nous demandons où peut bien être le billet. Nous regardons de nouveau le champ dehors. Il continue à pleuvoir. Enfin le train s'ébranle. Il passe sur un pont en fer, puis s'immobilise inexplicablement. Une mouche se pose sur la vitre. Et nous n'en sommes peut-être encore qu'à la première minute d'un récit vraiment exhaustif des événements que couvre la phrase trompeuse « Il a voyagé tout l'après-midi ».

Un narrateur qui nous fournirait une telle profusion de détails deviendrait bientôt exaspérant. Malheureusement, la vie elle-même souscrit souvent à ce mode de narration et nous lasse avec des répétitions, des accents fallacieux et des intrigues insignifiantes. Elle tient à nous montrer l'usine Bardak Electronics, la poignée de sécurité dans la voiture, un chien errant, une carte de Noël et une mouche qui se pose au bord, puis au centre d'un cendrier plein.

Ce qui explique le curieux phénomène en vertu duquel des éléments précieux peuvent être plus faciles à appréhender dans l'art ou l'anticipation que dans la réalité. L'imagination prospective ou artistique omet et comprime, elle supprime les périodes d'ennui et dirige notre attention vers les moments cruciaux, et, sans mentir ni embellir, donne ainsi à la vie une netteté et une cohérence qui peuvent lui faire défaut dans la déconcertante confusion du présent.

Déjà, alors qu'allongé sur le lit en cette première nuit antillaise je repensais à mon voyage (il y avait des stridulations de grillons et des bruissements dans les buissons dehors), la confusion de cette journée commençait à décroître et certains événements à prendre de l'importance, car la mémoire est à cet égard semblable à l'anticipation : un instrument de simplification et de sélection.

Le présent pourrait être comparé à un film prolixe dont la mémoire et l'anticipation sélectionnent les clichés les plus marquants. De mes neuf heures et demie de vol, la mémoire active ne retenait que six ou sept images statiques. Une seule subsiste aujourd'hui : le plateau-repas. De mon expérience à l'aéroport, seule une image de la file d'attente à l'immigration restait accessible. Tout ce que j'avais vécu ce jour-là se condensait en un récit compact et net : je devenais un homme qui était venu là en avion de Londres et s'était installé dans son hôtel.

Je m'endormis tôt et m'éveillai le lendemain matin à la lueur de ma première aube antillaise, puis-je dire quoiqu'il y eût, inévitablement, bien plus que cela derrière ces simples mots.

5.
Il y avait un autre pays que, longtemps avant son projet de voyage en Angleterre, des Esseintes avait voulu voir : la Hollande. Il s'était figuré une Hollande d'après les tableaux de Teniers et Jan Steen, Rembrandt et Van Ostade ; il s'était attendu à y trouver « cette bonhomie patriarcale, cette joviale débauche célébrée par les vieux maîtres », de tranquilles petites cours de brique et de pâles servantes versant du lait. Et donc il était allé à Haarlem et Amsterdam – et avait été fort déçu. Ce n'était pas que les tableaux eussent menti, il y avait bien quelque joviale bonhomie, quelques jolies cours de brique et quelques servantes versant du lait, mais ces joyaux étaient mêlés à une foule de choses ordinaires (restaurants, bureaux, maisons identiques et campagne banale) que ces artistes hollandais n'avaient jamais représentées et qui faisaient paraître l'expérience de voyager dans le pays étrangement diluée, comparée à un après-midi dans les salles hollandaises du Louvre, où l'essence de la beauté néerlandaise se trouvait recueillie dans quelques pièces.

Des Esseintes s'était retrouvé dans la situation paradoxale de se sentir davantage *en* Hollande – c'est-à-dire, plus intensément en contact avec les éléments qu'il aimait dans la culture hollandaise – quand il en regardait des images choisies dans un musée que lorsqu'il voyageait avec seize bagages et deux serviteurs à travers le pays lui-même.

6.
Au réveil ce matin-là, j'enfilai un peignoir fourni par l'hôtel et sortis sur la véranda du bungalow. Le ciel au point du jour était d'une teinte gris-bleu pâle et, après les bruissements de la nuit, toutes les créatures et même le vent semblaient profondément endormis. Il régnait

Jacob Van Ruysdael, *Vue d'Alkmaar*, 1670-1675

un silence de bibliothèque. Au-delà du bungalow s'étendait une large plage, d'abord parsemée de cocotiers puis descendant librement vers la mer. J'enjambai la balustrade basse de la véranda et marchai sur le sable. La nature présentait ici son visage le plus bienveillant. C'était comme si, en créant cette petite baie en forme de fer à cheval, elle avait voulu se racheter de son irascibilité dans d'autres régions et décidé pour une fois de ne montrer que sa munificence. Les cocotiers donnaient de l'ombre et du lait, le fond de l'eau était couvert de coquillages, le sable était aussi fin que de la poudre et couleur de blé mûr, et la chaleur de l'air, même à l'ombre, était profonde et enveloppante, si différente de la fragile chaleur nord-européenne, toujours encline à céder la place, même en plein été, à une fraîcheur plus impérieuse et possessive.

Je trouvai une chaise longue au bord de l'eau. J'entendais un léger clapotis près de moi, comme si un gentil monstre lapait discrètement de l'eau dans un grand bol. Quelques oiseaux se réveillaient et commençaient à voleter vivement çà et là, tout excités par le jour naissant. Derrière moi, les toits en raphia des bungalows étaient visibles à travers les arbres. Devant moi s'étendait un paysage que je reconnaissais comme étant celui de la brochure : la plage s'incurvait doucement vers l'extrémité de la baie, avec des collines couvertes de jungle derrière, et la première rangée de cocotiers s'inclinait irrégulièrement vers la mer turquoise, comme si certains d'entre eux tendaient le cou pour mieux profiter du soleil.

Mais cette description reflète imparfaitement ce qui se passait en moi ce matin-là, car mon attention était en réalité beaucoup plus éparpillée et perturbée qu'elle ne le suggère. Sans doute avais-je remarqué quelques oiseaux voletant vivement çà et là, tout excités par le

jour naissant, mais la conscience que j'en avais était affaiblie par un certain nombre d'autres éléments, incongrus et sans rapport avec celui-là, dont un mal de gorge attrapé pendant le vol, le souci de ne pas avoir informé un collègue de mon départ, une légère douleur aux tempes et un besoin croissant d'aller aux toilettes. Un fait important mais jusque-là négligé faisait sa première apparition, à savoir que je m'étais étourdiment amené avec moi dans l'île.

Il est aisé de s'oublier soi-même quand on se plonge dans des descriptions de lieux picturales ou verbales. À Londres, quand j'avais contemplé des photos de la Barbade, rien ne m'avait rappelé que mes yeux étaient intimement associés à un corps et un esprit qui m'accompagneraient partout où j'irais et pourraient, le moment venu, affirmer leur présence d'une façon qui menacerait ou même nierait la beauté ou l'intérêt de ce que ces yeux étaient venus voir. Chez moi, en Angleterre, j'avais pu me concentrer sur les images d'une chambre d'hôtel, d'une plage ou d'un ciel bleu en oubliant l'être complexe qui s'absorbait dans cette tâche, et pour lequel ce n'était qu'une petite partie de la tâche bien plus vaste et plus composite d'exister.

Mon corps et mon esprit allaient s'avérer être des partenaires capricieux pour ce qui était d'apprécier ma destination. Mon corps serait rétif au sommeil, il se plaindrait de la chaleur, des mouches et de la difficulté qu'il aurait à digérer la nourriture de l'hôtel. Mon esprit se révélerait sujet à l'anxiété, à l'ennui, à une vague tristesse et aux inquiétudes pécuniaires.

Contrairement au contentement continuel et durable que nous espérons, le bonheur en un lieu donné semble toujours devoir être un phénomène bref et, pour l'esprit conscient, apparemment fortuit : un moment durant lequel nous sommes particulièrement réceptifs à ce qui nous entoure, durant lequel nos pensées positives au sujet du passé et de l'avenir prennent de la consistance et nos anxiétés s'apaisent. Mais cet état dure rarement plus de dix minutes. De nouveaux motifs d'anxiété se forment inévitablement à l'horizon de la conscience, tels les fronts nuageux qui s'amassent tous les cinq ou six jours au large des côtes occidentales de l'Irlande. La victoire passée ne semble plus si impressionnante, l'avenir se charge de complications et on ne voit bientôt pas plus le beau paysage qu'on ne voit tout ce qui est toujours là.

J'allais découvrir une continuité inattendue entre la personne mélancolique que j'avais été à Londres et celle que j'étais sur l'île, une continuité qui contrasterait vivement avec le changement radical de paysage et de climat : ici l'air lui-même semblait fait d'une substance différente et plus suave.

Vers dix heures, le premier matin, M. et moi nous installâmes sur des chaises longues devant notre cabine de bain. Un unique nuage flottait timidement au-dessus de la baie. M. mit le casque de son baladeur sur ses oreilles et commença à annoter *Le Suicide*, d'Émile Durkheim. Je regardai autour de moi. On aurait pu croire que je me trouvais là où j'étais. Mais en réalité ce « je », c'est-à-dire la partie consciente de moi-même, avait abandonné son enveloppe physique pour se tracasser au sujet de l'avenir, plus précisément de la question de savoir si les déjeuners seraient compris dans le prix de la chambre. Deux heures plus tard, attablé dans un coin du restaurant devant une papaye (déjeuner et taxes locales compris), le moi qui avait quitté mon corps sur la chaise longue faisait une autre migration, quittait complètement l'île pour se tourner vers un projet difficile que je comptais réaliser l'année suivante.

C'était comme si quelque avantage vital, du point de

vue de l'évolution, avait été octroyé des siècles plus tôt aux membres de l'espèce qui avaient vécu en se préoccupant de ce qui allait se passer ensuite. Sans doute ces ancêtres n'avaient-ils pas pu savourer pleinement leurs expériences, mais du moins avaient-ils survécu et façonné le caractère de leurs descendants ; alors que leurs congénères, plus en harmonie avec le moment et le lieu où ils se trouvaient, avaient connu une fin violente sur les cornes de bisons dont ils n'avaient pas su prévoir l'attaque.

Il est malheureusement difficile de se rappeler, une fois rentré chez soi, cette préoccupation quasi permanente au sujet de l'avenir, car la première chose peut-être à disparaître de notre mémoire est justement tout le temps que nous avons passé à anticiper ce qui allait venir, tout le temps que nous avons passé ailleurs que là où nous étions. Il y a une pureté dans le souvenir et dans l'anticipation d'un lieu : c'est le lieu lui-même qui peut ainsi ressortir nettement.

Si la fidélité à un lieu avait semblé possible à Londres, c'était sans doute parce que je n'avais jamais essayé de contempler une image de la Barbade pendant un long moment. Si j'en avais posé une sur une table et m'étais forcé à la regarder exclusivement pendant vingt-cinq minutes, mon esprit se serait naturellement tourné vers divers sujets d'intérêt sans rapport avec celui-là, et j'aurais ainsi mieux compris combien l'endroit où je me trouvais avait en fait peu d'influence sur ce qui se passait dans ma tête.

Ainsi – autre paradoxe que des Esseintes eût apprécié –, il semble qu'on puisse mieux *habiter* un lieu quand on n'est pas confronté à la difficulté supplémentaire de devoir y être.

7.
Quelques jours avant notre retour, M. et moi décidâmes d'explorer l'île. Nous louâmes une Mini Moke et roulâmes vers le nord, vers une région de rudes collines appelée *Scotland District*, où Oliver Cromwell a exilé des catholiques anglais au XVIIe siècle. À la pointe nord de la Barbade, nous visitâmes la grotte aux Fleurs animales, une série de cavernes creusées dans le roc par les vagues, dans lesquelles des anémones de mer géantes poussent le long des parois et ressemblent à des fleurs jaune et vert quand elles déploient leurs tentacules.

À midi, nous descendîmes vers la commune de St John et là, sur une colline boisée, trouvâmes un restaurant installé dans une aile d'une vieille demeure coloniale. Dans le jardin il y avait un calebassier et un tulipier africain aux fleurs en forme de trompette renversée. Une petite brochure nous apprit que la propriété avait été construite en 1745 par l'administrateur sir Anthony Hutchison, et avait coûté l'équivalent – un prix apparemment énorme – de 100 000 livres de sucre. Dix tables étaient alignées dans une longue salle donnant sur les jardins et la mer. Nous prîmes place au fond, à côté d'un bougainvillée en fleur. M. commanda des gambas avec une sauce au piment doux, et moi un lampris tacheté aux oignons et fines herbes cuit dans du vin rouge. Nous parlâmes du système colonial et de la curieuse inefficacité des écrans solaires les plus puissants. Comme dessert nous commandâmes deux crèmes caramel.

Quand elles arrivèrent, M. se vit servir une portion de bonne taille mais qui avait l'air d'être tombée dans la cuisine, et moi une portion minuscule mais parfaitement formée. Dès que le serveur eut disparu, M. échangea son assiette contre la mienne. « Ne me vole pas mon dessert ! », fis-je, indigné. « Je croyais que tu voulais la plus grosse part », répliqua-t-elle, non moins outrée. « Tu essaies seulement d'avoir la meilleure. – Non, j'essaie de te faire plaisir. Cesse donc d'être aussi méfiant. – Je cesserai si tu me rends ma part. »

En quelques instants seulement, nous nous étions retrouvés dans une situation honteuse où, sous de puériles chamailleries, pointaient des craintes réciproques d'incompatibilité et d'infidélité.

M. me rendit maussadement mon assiette, picora un peu dans la sienne et repoussa son dessert. Elle ne dit rien et moi non plus. Nous payâmes et rentrâmes à l'hôtel ; le bruit du moteur masqua l'intensité de notre bouderie. La chambre avait été faite pendant notre absence ; on avait changé les draps, il y avait des fleurs sur la commode et des serviettes de plage propres dans la salle de bains. J'en saisis une sur la pile et allai m'asseoir sur la véranda, en refermant violemment la porte-fenêtre derrière moi. Les cocotiers projetaient une ombre douce ; les motifs entrecroisés de leurs feuilles se modifiaient parfois dans la brise de l'après-midi. Mais j'étais insensible à cette beauté. Je n'avais éprouvé aucun plaisir esthétique ou matériel depuis cette prise de bec au sujet des crèmes caramel plusieurs heures auparavant. Peu importait qu'il y eût des serviettes moelleuses, des fleurs et une belle vue. Mon humeur refusait d'être adoucie par des éléments extérieurs ; elle se sentait même insultée par la perfection du temps et la perspective d'un barbecue prévu ce soir-là sur la plage.

Notre détresse, en ces heures où l'odeur des larmes se mêlait à celle de l'ambre solaire et de la climatisation, nous rappelait la logique rigide et implacable à laquelle nos humeurs semblent soumises, et que nous ignorons à nos risques et périls quand nous découvrons une image d'une belle contrée et imaginons que le bonheur doit accompagner naturellement une telle magnificence. Notre aptitude à retirer du bonheur de biens matériels ou esthétiques semble dépendre impérativement de la satisfaction préalable d'une gamme plus importante de besoins affectifs ou psychologiques, dont le besoin de compréhension, d'amour, d'expression et de respect. Nous n'apprécions pas – ne pouvons pas apprécier – de superbes jardins tropicaux et de jolies cabines de bain en bois lorsqu'une relation à laquelle nous tenons s'avère brusquement empreinte d'incompréhension et de ressentiment.

Si nous sommes surpris par le pouvoir qu'a une simple bouderie de détruire les effets bénéfiques d'un séjour agréable, c'est parce que nous comprenons mal ce qui détermine nos humeurs. Nous sommes tristes chez nous et en rejetons la faute sur le temps et la laideur des immeubles, mais sur l'île tropicale nous apprenons (après une dispute dans un bungalow à toit de raphia sous un ciel d'azur) que l'aspect de nos habitations et l'état du ciel ne peuvent jamais à eux seuls nous assurer le bonheur ou nous condamner au malheur.

Il y a un grand contraste entre les vastes projets que nous entreprenons, la construction d'hôtels et le drainage de baies, et les problèmes psychologiques élémentaires qui les sapent. Avec quelle rapidité les avantages de la civilisation sont balayés par un accès de colère ! L'irréductibilité de ces difficultés psychologiques renvoie à la sagesse austère et désabusée de certains philosophes de l'Antiquité qui s'éloignaient volontairement de la prospérité et du raffinement intellectuel et soutenaient, dans leur tonneau ou leur hutte de terre, que les ingrédients essentiels du bonheur ne peuvent pas être matériels ou esthétiques, mais sont toujours obstinément psychologiques – une leçon qui ne sembla jamais plus vraie que quand M. et moi nous réconciliâmes à la tombée de la nuit, à l'écart d'un barbecue de plage dont le luxe qu'il représentait était devenu d'une humiliante superfluité.

8.
Après la Hollande et son voyage avorté en Angleterre, des Esseintes ne tenta plus d'aller à l'étranger. Il resta chez lui et s'entoura d'objets qui lui procuraient le meilleur du voyage : son anticipation. Il avait sur ses murs des gravures en couleurs représentant, comme dans les agences de voyages, des villes étrangères, des musées, des hôtels et des steamers en route pour Valparaiso et La Plata, ainsi que des tableaux encadrés sur lesquels étaient inscrits les itinéraires des principales compagnies maritimes. Il emplissait son aquarium d'eau salée et de fausses herbes et, à l'aide de rouleaux de voiles, de cordages et d'un pot de goudron, pouvait éprouver les sensations les plus plaisantes d'un voyage au long cours sans subir aucun de ses désagréments. Il concluait, écrit l'auteur, que « l'imagination lui semblait pouvoir aisément suppléer à la vulgaire réalité des faits ». La réalité où ce que nous sommes venus voir est toujours dilué dans ce que nous pourrions voir ailleurs, où nous sommes arrachés au présent par un avenir préoccupant et où notre appréciation d'éléments esthétiques reste à la merci de troublantes exigences physiques et psychologiques.

J'étais parti en voyage malgré des Esseintes. Et pourtant il y avait des moments où j'avais moi aussi le sentiment qu'il n'est peut-être pas de plus beaux voyages que ceux que l'on peut faire en imagination, en restant chez soi à tourner lentement les pages en papier bible de l'Indicateur international de la compagnie British Airways.

II

DES LIEUX DE VOYAGE

Lieux	La station-service	L'aéroport	L'avion	Le train
Guides	Charles Baudelaire	Edward Hopper		

1.
Un peu en hauteur le long de l'autoroute entre Londres et Manchester, dans une campagne plate et quelconque, se trouve une station-service en brique rouge et en verre, sans étage. Devant, une énorme enseigne plastifiée montre aux automobilistes et aux moutons qui paissent dans un champ voisin une grande photo représentant un œuf sur le plat, deux saucisses et une généreuse portion de haricots.

J'y arrivai dans la soirée. Le ciel virait au rouge à l'ouest et on entendait, par-dessus l'incessante rumeur de la circulation, des oiseaux qui chantaient dans une rangée d'arbres ornementaux le long du bâtiment. Je roulais depuis deux heures, seul avec les nuages qui se formaient à l'horizon, les lumières des villes et villages au-delà des talus, les ponts routiers et les silhouettes des voitures et des cars qui me dépassaient. La tête me tourna un peu quand je descendis de mon véhicule, dont le moteur émettait des cliquetis en refroidissant, comme si on glissait des trombones à travers le capot. Mes sens avaient besoin de se réadapter à la terre ferme, au vent et aux bruits discrets de la nuit tombante.

La cafétéria était brillamment éclairée et trop chauffée. De grandes photographies de hamburgers, de pâtisseries et de tasses de café ornaient les murs. Une serveuse réapprovisionnait un distributeur de boissons. Je poussai un plateau humide le long de la glissière métallique, achetai une barre de chocolat et un jus de fruits et m'assis près de la baie vitrée qui occupait tout un côté de la salle. Les grandes vitres étaient maintenues en place au moyen d'étroites bandes de mastic beige d'aspect pâteux et moite dans lequel j'étais tenté d'enfoncer mes ongles. Au-delà le gazon descendait en pente douce vers l'autoroute où les véhicules passaient sans bruit, en deux flots d'une élégante symétrie, le long de six voies ; les différences de marques et de couleurs s'estompaient dans l'obscurité croissante, et on ne voyait plus qu'un ruban uniforme et flou de diamants rouges et blancs s'étendant à l'infini dans les deux directions.

Il n'y avait pas beaucoup d'autres clients. Une femme faisait nonchalamment tourner un sachet de thé dans une tasse. Un homme et deux fillettes mangeaient des hamburgers. Un homme barbu d'un certain âge était penché sur des mots croisés. Personne ne parlait. Il y avait là quelque chose de pensif et de mélancolique – que ne faisaient qu'accentuer la faible musique d'ambiance enjouée et le sourire Colgate d'une femme sur le point de mordre dans un sandwich au bacon sur une photo au-dessus du comptoir. Au milieu de la salle, suspendue au plafond et dansant nerveusement dans le souffle d'une prise d'air, une boîte en carton vous informait que des rondelles d'oignon vous étaient gracieusement offertes avec chaque hot dog. Déformée et de guingois, elle semblait être une grossière approximation de ce qu'avait dû stipuler la direction générale, comme ces bornes routières dans des provinces reculées de l'Empire romain, dont la forme s'écartait de celle qui prévalait dans la région centrale.

Le bâtiment était architecturalement nul, ça sentait

la friture et l'encaustique au citron, la nourriture était gluante et les tables parsemées d'îlots de ketchup séché, et pourtant quelque chose là-dedans m'émut. Il y avait une certaine poésie dans cette station-service solitaire, perchée au bord de l'autoroute, loin de toute habitation. Cela me fit penser à certains autres lieux de voyage tout aussi étrangement poétiques, aérogares, zones portuaires, gares, motels, et aux œuvres d'un auteur du XIXe siècle et d'un peintre du XXe siècle qu'il a inspiré, qui ont tous deux, chacun à sa façon, été exceptionnellement sensibles au charme du lieu de voyage méconnu.

2.
Charles Baudelaire est né à Paris en 1821. Dès son plus jeune âge, il se sentit mal à l'aise chez lui. Il avait cinq ans lorsque son père mourut, et un an plus tard sa mère épousa un homme qu'il détestait. Il fut renvoyé pour indiscipline de tous les pensionnats où on l'envoya. À l'âge adulte, il ne trouva aucune place dans la société bourgeoise. Il se fâcha avec sa mère et son beau-père, porta de théâtrales capes noires et accrocha des reproductions des lithographies de Delacroix sur le thème de *Hamlet* aux murs de sa chambre. Dans son journal, il se plaignait de souffrir de « la grande Maladie de l'horreur du Domicile » et d'un « sentiment de solitude, dès [son] enfance. Malgré la famille – et au milieu des camarades, surtout – sentiment de destinée éternellement solitaire ».

Il rêvait de quitter la France pour aller ailleurs, loin, sur un autre continent, où rien ne lui rappellerait le « quotidien » – un terme d'horreur pour le poète ; là où il ferait plus chaud, où, comme dit le célèbre distique de *L'Invitation au voyage*, tout serait « ordre et beauté / Luxe, calme et volupté ». Mais il était conscient des difficultés. Il avait déjà quitté les cieux plombés du nord de la France, et était revenu abattu. Il était parti en voyage en Inde. Après trois mois de traversée, le bateau avait essuyé une violente tempête et avait fait escale à l'île Bourbon pour qu'on répare les dégâts. C'était l'île à la végétation luxuriante et aux plages bordées de cocotiers dont Baudelaire avait rêvé. Mais il ne put se défaire d'un sentiment de léthargie et de tristesse et soupçonna que cela n'irait pas mieux en Inde. Malgré les efforts que fit le capitaine pour le convaincre de continuer, il tint à revenir en France.

Le résultat fut une ambivalence envers le voyage qui dura toute sa vie. Dans son poème *Le Voyage*, il imagina ironiquement le récit de voyageurs revenus de contrées lointaines :

Nous avons vu des astres
Et des flots ; nous avons vu des sables aussi ;
Et, malgré bien des chocs et d'imprévus désastres,
Nous nous sommes souvent ennuyés, comme ici.

Et pourtant il resta compréhensif vis-à-vis du désir de voyager et observa son emprise tenace sur lui-même. À peine fut-il revenu de l'île Bourbon qu'il recommença à rêver d'aller ailleurs : « Cette vie est un hôpital où chaque malade est possédé du désir de changer de lit. Celui-ci voudrait souffrir en face du poêle, et celui-là croit qu'il guérirait à côté de la fenêtre. » Il n'avait pas honte de se compter parmi les patients : « Il me semble que je serais toujours bien là où je ne suis pas, et cette question de déménagement en est une que je discute sans cesse avec mon âme. » Parfois il rêvait d'aller à Lisbonne. Là-bas il ferait chaud et il pourrait se fortifier en restant au soleil comme un lézard. C'était une ville d'eau, de marbre et de lumière, propice à la pensée et la sérénité. Mais à peine ce rêve de Portugal lui venait-il qu'il se disait qu'il serait peut-être plus heureux en Hollande. Et d'ailleurs pourquoi pas Java ou la Baltique ou même le pôle Nord, où il pourrait, au cœur de la longue nuit, regarder des comètes traverser le ciel arctique ? La destination n'était pas vraiment l'essentiel. Son vrai désir était de partir, comme il le reconnaissait en concluant : « N'importe où ! n'importe où ! pourvu que ce soit hors de ce monde ! »

Il voyait dans ces rêves de voyage la marque d'êtres nobles en quête d'idéal qu'il décrivait comme des « poètes », qui ne pouvaient se satisfaire de leur horizon familier alors même qu'ils n'ignoraient pas les limites d'autres contrées, et dont l'humeur oscillait entre l'espoir et le désespoir, un idéalisme puéril et le cynisme. C'était leur destinée de vivre, comme des pèlerins chrétiens, dans un monde déchu tout en refusant de renoncer à la vision d'un autre royaume moins corrompu.

À la lumière de ces idées, un détail ressort dans la biographie de Baudelaire, à savoir qu'il fut toute sa vie fortement attiré par les ports, les quais, les gares, les trains, les bateaux et les chambres d'hôtel : il se sentait plus à l'aise dans ces lieux transitoires que dans son propre logis. Quand il était oppressé par l'atmosphère confinée de Paris, quand le monde lui semblait « monotone et petit », il partait (« partir pour partir ») et allait dans un port ou une gare, où il s'exclamait intérieurement :

Emporte-moi, wagon ! enlève-moi, frégate !
Loin ! loin ! ici la boue est faite de nos pleurs !

Dans un essai sur le poète, T.S. Eliot a écrit que Baudelaire avait été le premier artiste du XIXe siècle à exprimer la beauté des lieux et des engins de voyage modernes. « Baudelaire [...] a inventé une nouvelle sorte de nostalgie romantique, suggère-t-il, la *poésie des départs**[1], la *poésie des salles d'attente**. » Et, pourrait-on ajouter, la *poésie des stations-service** et la *poésie des aéroports**.

3.
Quand j'étais triste chez moi, j'ai souvent pris le métro ou le bus pour l'aéroport de Heathrow, où, perché dans une galerie d'observation du terminal 2 ou au faîte de l'hôtel Renaissance, près de la piste nord, j'ai puisé quelque réconfort dans le spectacle des atterrissages et des décollages incessants.

Au cours de la difficile année 1859, encore très affecté par le procès des *Fleurs du mal* et sa rupture avec sa maîtresse Jeanne Duval, Baudelaire rendit visite à sa mère à Honfleur et passa le plus clair de son temps, durant les deux mois de son séjour, assis sur une chaise sur le quai à regarder les bateaux arriver et partir. « Ces beaux et grands navires, imperceptiblement balancés sur les eaux tranquilles, ces robustes navires, à l'air désœuvré et nostalgique, ne nous disent-ils pas dans une langue muette : Quand partons-nous pour le bonheur ? »

D'un parking situé près de la piste nord (O9L/27R pour les pilotes), le 747 apparaît d'abord sous la forme d'un point lumineux blanc brillant, une étoile tombant vers la terre. Il est dans le ciel depuis douze heures. Il a décollé de Singapour à l'aube. Il a survolé le golfe du Bengale, Delhi, le désert afghan et la mer Caspienne. Il a poursuivi sa route au-dessus de la Roumanie, de la République tchèque, de l'Allemagne et des Pays-Bas

---

1. Les mots en italique suivis d'un astérisque sont en français dans le texte. *(N.d.T.)*

et entamé sa descente, si doucement que peu de passagers ont dû remarquer un changement de tonalité dans le bruit des moteurs, au-dessus des eaux tumultueuses et grisâtres de la mer du Nord. Il a suivi l'estuaire de la Tamise jusqu'à Londres, viré au nord près de Hammersmith (où les volets ont commencé à sortir), tourné au-dessus d'Uxbridge et redressé le cap au-dessus de Slough. Du sol, le point blanc lumineux prend peu à peu la forme d'un grand fuselage à deux niveaux avec quatre réacteurs suspendus comme des boucles d'oreilles sous des ailes incroyablement longues. Sous la pluie légère, des nuées liquides forment un voile derrière l'appareil alors qu'il approche majestueusement de la piste. Il survole à présent les faubourgs de Slough. Il est trois heures de l'après-midi. Dans les pavillons, on remplit des bouilloires. Une télévision est allumée dans une salle de séjour, son coupé. Des reflets verts et rouges jouent silencieusement sur les murs. Le quotidien. Et là-haut il y a un avion qui, quelques heures plus tôt, survolait la Caspienne. Mer Caspienne-Slough : l'avion comme symbole d'universalité, dans la mesure où il porte en lui une trace de toutes les contrées qu'il a traversées, et où son éternelle mobilité offre un contrepoids mental aux sentiments de stagnation et de confinement. Ce matin l'avion survolait la péninsule malaise – des mots qui évoquent une odeur de goyave et de bois de santal. Et maintenant, à quelques mètres au-dessus de la terre qu'il a si longtemps évitée, il paraît immobile, un peu cabré, comme s'il marquait une pause avant que ses seize roues arrière ne touchent le macadam en laissant un sillage de fumée qui rend soudain manifestes sa vitesse et son poids.

Sur une piste parallèle, un A340 s'envole vers New York et, au-dessus du réservoir de Staines, rentre son train d'atterrissage et ses volets, dont il n'aura plus

besoin avant la descente au-dessus des maisons à bardeaux blanches de Long Beach, à 5 000 kilomètres et huit heures de vol de là. D'autres avions, visibles à travers la brume de chaleur des turboréacteurs, attendent leur tour. Partout des appareils roulent sur les pistes et le tarmac, et leurs dérives multicolores se détachent sur l'horizon gris comme des voiles lors d'une régate.

Le long de la façade arrière en verre et acier du terminal 3 sont stationnés des géants, dont l'aspect témoigne de provenances diverses : Canada, Brésil, Pakistan, Corée. Pendant quelques heures, le bout de leurs ailes restera à quelques mètres seulement de celles de leurs voisins, avant que chacun d'eux n'entame un autre voyage dans les vents stratosphériques. Chaque fois qu'un appareil s'immobilise devant une porte d'embarquement, un vrai ballet commence : des engins s'en approchent, des tuyaux noirs sont fixés aux ailes pour qu'on fasse le plein de carburant, une passerelle articulée applique ses lèvres en caoutchouc rectangulaires sur la carlingue. Les portes des soutes sont ouvertes pour qu'on en sorte des caisses en aluminium cabossées contenant peut-être des fruits qui, quelques jours seulement plus tôt, pendaient aux branches d'arbres tropicaux, ou des légumes qui plongeaient leurs racines dans le sol de hautes vallées silencieuses. Deux hommes en salopette installent un escabeau près d'un réacteur et l'ouvrent en partie, laissant ainsi voir un réseau complexe de fils électriques et de petits tuyaux d'acier. On descend des couvertures et des oreillers de l'avant d'une cabine. Des passagers débarquent, pour qui cet après-midi anglais ordinaire aura quelque chose de parfaitement exotique.

Nulle part la poésie de l'aéroport n'est plus concentrée que sur les écrans d'information suspendus au plafond des aérogares, qui annoncent le départ et l'arrivée des avions et dont l'absence de prétention esthétique, les boîtiers fonctionnels et les caractères prosaïques ne parviennent pas à dissimuler la charge émotionnelle et l'attrait qu'ils exercent sur l'imagination. Tokyo, Amsterdam, Istanbul. Varsovie, Seattle, Rio. Ils ont toute la puissance d'évocation poétique de la dernière ligne de l'*Ulysse* de James Joyce, qui ne nous apprend pas seulement où le livre fut écrit, mais symbolise aussi et surtout l'esprit cosmopolite dans lequel il fut écrit : « Trieste, Zurich, Paris. » Ces annonces continuelles, parfois accompagnées de l'impatient clignotement d'un point lumineux, suggèrent avec quelle facilité notre existence apparemment immuable pourrait être transformée si nous longions un couloir et montions dans un avion qui nous emmènerait en quelques heures dans un endroit inconnu de nous et où personne ne connaîtrait notre nom. Comme il est réconfortant de songer, lorsque à trois heures de l'après-midi la lassitude et le désespoir menacent de nous submerger, qu'il y a toujours un avion qui s'envole pour quelque part (« *N'importe où ! n'importe où !* ») : Trieste, Zurich, Paris.

4.
Baudelaire n'admirait pas seulement les lieux de départ et d'arrivée, mais aussi les engins de locomotion, en particulier les navires de haute mer. Il évoqua dans *Fusées* « le charme infini et mystérieux qui gît dans la contemplation d'un navire ». Il allait voir des bateaux à fond plat, les *caboteurs**, au port Saint-Nicolas à Paris, et de plus grands bateaux à Rouen et dans les autres ports normands. Il admirait les prouesses techniques qu'ils représentaient, s'étonnait qu'on pût faire naviguer à travers les océans, d'une façon aussi élé-

gante et harmonieuse, quelque chose d'aussi lourd et complexe. Un grand navire lui faisait penser à « un être vaste, immense, compliqué, mais eurythmique, un animal plein de génie, souffrant et soupirant tous les soupirs et toutes les ambitions humaines ».

La vue d'un des plus grands avions existants – lui aussi un « être immense et compliqué », qui brave sa propre taille et le chaos de la basse atmosphère pour voguer sereinement dans le firmament – peut susciter des sentiments analogues. En en voyant un stationné devant une porte d'embarquement, écrasant de sa masse les chariots à bagages et les mécanos, on s'étonne volontiers (la surprise l'emportant sur toute explication scientifique) qu'une telle chose puisse bouger – de quelques mètres, sans parler du Japon. Les grands bâtiments, parmi les rares structures de taille comparable construites par les hommes, ne nous préparent pas à l'aisance et à l'assurance souveraine d'un avion géant ; car ces bâtiments sont craquelés par les légers mouvements de la terre, l'air et l'eau s'y infiltrent et ils abandonnent au vent des parties d'eux-mêmes.

Peu d'instants dans la vie donnent un plus grand sentiment d'affranchissement que ceux où un avion s'élève dans le ciel. En regardant par le hublot d'un appareil sur le point de décoller, nous voyons un paysage aux proportions familières : une route, des réservoirs à kérosène cylindriques, de l'herbe et des hôtels aux vitres teintées ; la terre telle que nous l'avons toujours connue, où nous nous déplaçons lentement, même avec l'aide d'une voiture, où les muscles des mollets et les moteurs peinent pour nous faire atteindre le sommet d'une colline, où, à 500 mètres ou moins, il y a presque toujours une rangée d'arbres ou de bâtiments qui limite notre champ visuel. Et soudain, accompagnés par le grondement de rage contrôlée des réacteurs (avec seulement

un léger tremblement de verres dans l'office), nous nous élevons en douceur dans les airs et un horizon immense se déploie, où notre regard peut errer librement. Un voyage qui sur terre aurait duré des heures peut être effectué d'un mouvement infime de l'œil ; nous pouvons traverser le Berkshire, visiter Maidenhead, sauter par-dessus Bracknell et observer la M4.

Il y a aussi un plaisir psychologique dans ce décollage, car la rapidité de l'ascension constitue un symbole exemplaire de transformation. Cette manifestation de puissance peut nous inciter à imaginer des changements analogues et décisifs dans notre propre vie ; à imaginer que nous pourrions nous aussi nous élever un jour au-dessus d'une bonne partie de ce qui nous domine.

Le nouveau point de vue confère ordre et logique au paysage : les routes s'incurvent pour éviter des collines, les rivières se fraient un chemin vers des lacs, les pylônes vont des centrales électriques aux agglomérations, les rues qui d'en bas semblaient tracées sans plan précis s'avèrent soigneusement dessinées à angle droit. L'œil tente d'accorder ce qu'il voit avec ce qu'il sait devoir être là, comme quand on essaie de déchiffrer un livre familier écrit dans une autre langue. Ces lumières doivent être celles de Newbury, cette route l'A33 là où elle rejoint la M4. Et dire que pendant tout ce temps, dissimulée à notre vue, notre existence était si petite... Nous découvrons le monde et ses habitants comme nous ne les voyons presque jamais, comme doivent nous voir les faucons et les dieux.

Les réacteurs ne trahissent rien de l'effort nécessaire pour nous amener jusque-là. Suspendus aux ailes dans le froid inconcevable, ils propulsent patiemment et discrètement l'appareil, leurs seules exigences, inscrites sur leurs flancs en lettres rouges, étant qu'on ne marche pas dessus et qu'on les alimente en « kérosène uniquement : D50TFI-S4 », un message destiné à quelques hommes en salopette qui dorment encore à 6 000 kilomètres de là.

On ne parle guère dans l'avion des nuages qu'on peut voir d'ici. Personne ne trouve remarquable que, quelque part au-dessus d'un océan, nous soyons passés à côté d'une énorme île en barbe à papa blanche qui aurait fait un siège parfait pour un ange ou même pour Dieu lui-même dans un tableau de Piero della Francesca. Personne ne se lève pour annoncer, avec l'emphase requise, que nous *survolons un nuage*, un fait qui eût retenu toute l'attention de Léonard de Vinci ou Poussin, Claude Lorrain ou Constable.

De la nourriture qui, mangée dans une cuisine, aurait été banale ou rebutante, devient plus intéressante et savoureuse en présence de nuages (comme une collation de pain et de fromage qui nous enchante quand on la mange au bord d'une falaise battue par les vagues). Grâce au plateau-repas, nous nous familiarisons avec ce lieu peu familier : nous nous approprions le paysage céleste à l'aide d'un petit pain froid et d'une barquette de salade de pommes de terre.

Nos compagnons aériens, dehors, ont un aspect inattendu lorsqu'on les regarde attentivement. Dans les tableaux et du sol, ils ont l'air d'ovaloïdes horizontaux, mais ici ils ressemblent à des colonnes géantes faites de masses empilées de mousse à raser instable. Leur parenté avec la vapeur est plus évidente, ils sont plus volatils et semblent être le produit de quelque chose qui vient d'exploser et est encore en mutation. Il reste surprenant, néanmoins, qu'il serait impossible de s'y asseoir.

Baudelaire savait aimer les nuages.

L'étranger

Qui aimes-tu le mieux, homme énigmatique, dis ?
*   ton père, ta mère, ta sœur ou ton frère ?*
Je n'ai ni père, ni mère, ni sœur, ni frère.
Tes amis ?
Vous vous servez là d'une parole dont le sens m'est
*   resté jusqu'à ce jour inconnu.*
Ta patrie ?
J'ignore sous quelle latitude elle est située.
La beauté ?
Je l'aimerais volontiers, déesse et immortelle.
L'or ?
Je le hais comme vous haïssez Dieu.
Eh ! qu'aimes-tu donc, extraordinaire étranger ?
J'aime les nuages... les nuages qui passent... là-bas...
*   là-bas... les merveilleux nuages !*

Les nuages inspirent la sérénité. Loin au-dessous de nous il y a des ennemis et des collègues, les lieux de nos terreurs et de nos chagrins ; tous maintenant infinitésimaux, microscopiques. Nous pouvons certes connaître cette vieille leçon de perspective, mais elle semble rarement aussi vraie que lorsque nous appuyons notre front contre la vitre froide du hublot, notre avion étant alors un maître de profonde sagesse – et un adepte de l'injonction baudelairienne :

Emporte-moi, wagon ! enlève-moi, frégate !
Loin ! loin ! ici la boue est faite de nos pleurs !

5.
Il n'y avait, en dehors de l'autoroute, aucun chemin reliant la station-service à d'autres endroits, ni même de sentier, elle semblait n'appartenir ni à la ville ni à

la campagne, mais à quelque troisième catégorie de lieux utile au voyageur, comme un phare au bord de l'océan.

L'isolement géographique renforçait l'impression de solitude dans la cafétéria. L'éclairage impitoyable faisait ressortir la pâleur et les petits défauts de l'épiderme. Les chaises et les tabourets, aux couleurs puérilement voyantes, avaient la gaieté forcée d'un sourire faux. Personne ne parlait, personne ne laissait paraître un sentiment de curiosité ou de sympathie. Chacun regardait vaguement, au-delà des autres, la zone de service ou l'obscurité dehors. On aurait pu être assis parmi des rochers.

Je restais dans un coin à manger ma barre de chocolat, en buvant de temps en temps une gorgée de jus d'orange. Je me sentais seul mais, pour une fois, c'était une sorte de solitude plutôt douce et même agréable, parce que, au lieu d'être vécue dans une ambiance de joyeuse camaraderie où j'aurais souffert du contraste entre mon humeur et l'environnement, elle l'était dans un lieu où chacun était un inconnu pour les autres, où les difficultés de communication et le désir frustré d'amour semblaient être reconnus et brutalement célébrés par l'architecture et l'éclairage.

Cela me fit penser à certains tableaux d'Edward Hopper, lesquels, malgré la tristesse et la solitude qu'ils évoquent, ne donnent pas eux-mêmes une impression de tristesse à celui qui les regarde, mais lui permettent plutôt d'y voir un écho de sa propre détresse et de se sentir ainsi moins personnellement persécuté et tourmenté par elle. Ce sont peut-être les livres tristes qui nous consolent le mieux quand nous sommes tristes, et peut-être est-ce dans des stations-service solitaires que nous devrions aller quand nous n'avons personne à étreindre ou aimer.

En 1906, à l'âge de vingt-quatre ans, Hopper alla à Paris et découvrit la poésie de Baudelaire, qu'il allait lire et réciter toute sa vie. Une telle attirance n'est pas difficile à comprendre : elle provenait d'un intérêt commun pour la solitude, la vie urbaine, la modernité, le réconfort de la nuit et les lieux de voyage. En 1925, le peintre acheta sa première voiture, une Dodge d'occasion, et se rendit de New York, où il habitait, jusqu'au Nouveau-Mexique, et dès lors passa plusieurs mois sur la route chaque année, dessinant et peignant en chemin, dans des chambres d'hôtel, à l'arrière de voitures, en plein air et dans des cafétérias. Entre 1941 et 1955, il traversa cinq fois le pays. Il descendait dans des motels Best Western ou des établissements du même genre : Del Haven Cabins, Alamo Plaza Courts, Blue Top Lodges. Il était attiré par les enseignes clignotantes au néon qui disent « *Vacancy, TV, Bath* » au bord de la route, les lits avec leurs matelas fins et leurs draps raides, les grandes fenêtres qui donnent sur des parkings ou des petites pelouses impeccables, le mystère des clients qui arrivent tard et repartent à l'aube, les brochures vantant les attractions locales dans le hall et les chariots chargés de matériel d'entretien dans les couloirs silencieux. Il prenait ses repas dans des restoroutes, des drive-in Hot Shoppe Mighty Mo, des snack-bars Steak n' Shakes ou Dog n' Sudds – et faisait le plein dans des stations-service affichant les logos des compagnies Mobil, Standard Oil, Gulf ou Blue Sunoco.

Et dans ces lieux dédaignés et souvent raillés, Hopper trouvait une certaine poésie : la *poésie des motels**, la *poésie des petits restaurants au bord d'une route**. Ses tableaux (et leurs titres évocateurs) témoignent d'un intérêt soutenu pour cinq sortes distinctes de lieux de voyage :

1. HÔTELS
   Chambre d'hôtel, 1931
   Hall d'hôtel, 1943
   Chambres pour touristes, 1945
   Hôtel près d'une voie ferrée, 1952
   Fenêtre d'hôtel, 1956
   Western Motel, 1957

2. ROUTES ET STATIONS-SERVICE
   Route dans le Maine, 1914
   Essence, 1940
   Route 6, Eastham, 1941
   Solitude, 1944
   Route à quatre voies, 1956

3. PETITS RESTAURANTS ET CAFÉTÉRIAS
   Automate, 1927
   Soleil dans une cafétéria, 1958

4. LIEUX VUS D'UN TRAIN
   Maison près de la voie ferrée, 1925
   New York, New Haven et Hartford, 1931
   Remblai de voie ferrée, 1932
   Vers Boston, 1936
   En vue d'une ville, 1946
   Route et arbres, 1962

5. INTÉRIEURS DE TRAINS ET MATÉRIEL ROULANT
   Nuit dans le métro aérien, 1920
   Locomotive, 1925
   Compartiment C, voiture 293, 1938
   Aube en Pennsylvanie, 1942
   Voiture salon, 1965

La solitude est le thème dominant. Les personnages de Hopper ont l'air d'être loin de chez eux, toujours seuls ils lisent une lettre assis sur un lit d'hôtel ou boivent dans un bar, regardent par la fenêtre d'un train en mouvement ou lisent un livre dans un hall d'hôtel. Leur expression est soucieuse et pensive ; ils viennent peut-être de quitter quelqu'un ou d'être quittés, ils cherchent du travail, de la compagnie ou du sexe, un peu perdus dans des lieux de passage. Il fait souvent nuit et, derrière la vitre, règne l'obscurité menaçante de la rase campagne ou d'une ville inconnue.

Dans *Automate* (1927), une femme boit un café, assise seule à une table. Il est tard et, à en juger par son chapeau et son manteau, il fait froid dehors.

La pièce semble grande, brillamment éclairée et vide. Le décor est fonctionnel, avec une table à dessus de marbre, de robustes chaises en bois noires et des murs blancs. La femme a l'air gênée et légèrement effrayée, peu habituée à être assise seule dans un lieu public. Il a dû se passer quelque chose. Elle invite inconsciemment le témoin de la scène à imaginer des histoires pour elle, des histoires de trahison ou de perte. Elle essaie de maîtriser le tremblement de sa main en portant la tasse à ses lèvres. Il peut être onze heures du soir en février dans une grande ville nord-américaine.

Automate est une image de tristesse – et pourtant ce n'est pas une image triste. Elle a le charme d'un grand morceau de musique mélancolique. Malgré l'austérité de l'ameublement, l'endroit lui-même n'a pas l'air sinistre. D'autres personnes y boivent peut-être du café seules, elles aussi perdues dans leurs pensées, elles aussi à l'écart de toute compagnie : un isolement commun qui a pour effet bénéfique d'atténuer le sentiment oppressant, chez chacune d'elles, d'être la seule à être seule. Dans les restoroutes et les cafétérias ouvertes la

Edward Hopper, *Automate*, 1927

nuit, les halls d'hôtel et les cafés de gare, nous pouvons diluer un sentiment d'isolement dans un lieu public solitaire et redécouvrir ainsi un certain sentiment de fraternité. L'absence de choses familières, les lumières vives et l'ameublement anonyme soulagent de ce qui peut être le faux réconfort du foyer. Il peut être plus facile de s'abandonner à la tristesse ici que dans une salle de séjour trop connue, avec son papier peint et ses photos encadrées, décor d'un refuge qui vous a trahi.

Hopper nous invite à compatir à la solitude de cette femme. Elle semble digne et généreuse, mais peut-être un peu trop confiante, un peu naïve et vulnérable – comme si elle s'était heurtée à un coin dur du monde. Hopper nous met de son côté, celui de « l'étranger » contre ceux qui sont chez eux. Les personnages de Hopper ne sont pas des ennemis du foyer en soi, c'est simplement que, de diverses façons indéterminées, le foyer semble les avoir trompés, les forçant à sortir dans la nuit ou à prendre la route. Le snack ouvert jour et nuit, la salle d'attente d'une gare ou le motel sont des refuges pour ceux qui n'ont pas pu, pour de nobles raisons, trouver un foyer dans le monde ordinaire, des refuges pour ceux que Baudelaire aurait pu honorer du nom de poètes.

6.

Les phares puissants de la voiture qui roule le long d'une route sinueuse à travers des bois au crépuscule éclairent momentanément des pans entiers de prairie et des troncs d'arbres, si brillamment que la texture de l'écorce et chaque brin d'herbe peuvent être distingués dans cette lumière blanche qui conviendrait mieux à un hôpital qu'à une région boisée, puis les replongent dans la pénombre uniforme quand la voiture négocie le virage et qu'ils tournent leur attention vers une autre portion de terrain ensommeillé.

Il y a peu d'autres véhicules sur la route, seulement parfois deux phares allant en sens inverse, loin de la nuit. Le tableau de bord projette une lueur pourpre dans l'habitacle assombri. Soudain une zone inondée de lumière apparaît dans une clairière : une station-service, la dernière avant que la route ne s'enfonce dans la partie la plus longue et la plus dense de la forêt et que la nuit ne finisse de s'étendre sur la région.

Le gérant est sorti de son local pour vérifier le niveau d'une pompe. Il fait chaud à l'intérieur et un flot de lumière aussi brillant que le soleil de midi se déverse sur le béton. Peut-être une radio est-elle allumée et des bidons d'huile sont-ils soigneusement alignés contre un mur, avec des confiseries, des magazines, des cartes routières et des peaux de chamois.

Comme *Automate*, peint treize ans auparavant, *Essence* est une image d'isolement. Une station-service est là toute seule dans l'obscurité croissante. Mais sous le pinceau de Hopper, cet isolement devient une fois de plus poignant et attachant. L'inquiétante obscurité qui s'étend comme un brouillard de la droite de la toile contraste avec la sécurité de la station. Sur fond de ténèbres et de bois farouches, dans ce dernier avant-poste de l'humanité, un sentiment de fraternité peut naître plus facilement qu'en plein jour dans la ville. La machine à café et les magazines, symboles de nos petits désirs et vanités, s'opposent au vaste monde non humain dehors, aux kilomètres de forêt où des branches craquent parfois sous les pattes des ours et des renards. Il y a quelque chose de touchant dans la suggestion – formulée en grosses lettres roses sur la couverture d'un des magazines – que nous peignions nos ongles en violet cet été et dans celle, au-dessus de la machine

Edward Hopper, *Essence*, 1940

à café, que nous humions un arôme de grains fraîchement torréfiés. En cette ultime halte avant que la route n'entre dans l'immense forêt, ce que nous avons en commun avec les autres peut paraître excéder ce qui nous en sépare.

7.
Hopper s'intéressait aussi aux trains. Il était attiré par l'atmosphère des wagons à moitié vides traversant tel ou tel paysage : le silence qui y règne tandis que dehors les roues claquent en cadence sur les rails, la rêverie suscitée par ce bruit et par la vue qu'on a du wagon, rêverie dans laquelle nous semblons dériver hors de notre moi ordinaire et avoir accès à des pensées et des souvenirs qui n'émergeraient peut-être pas de leurs limbes dans des circonstances plus habituelles. La femme de *Compartiment C, voiture 293* (1938) semble être dans un tel état d'esprit ; elle lit son livre et on imagine qu'elle regarde de temps à autre pensivement par la fenêtre.

Les voyages engendrent la réflexion. Peu de lieux sont plus propices aux conversations *in petto* qu'un avion, un bateau ou un train en mouvement. Il y a une corrélation presque simpliste entre ce que nous avons sous les yeux et les pensées que nous pouvons avoir : les grandes pensées nécessitant parfois de grands panoramas, les pensées nouvelles des lieux nouveaux. Les réflexions introspectives susceptibles de « caler » sont facilitées par le déroulement du paysage. L'esprit peut rechigner à penser correctement quand c'est tout ce qu'il est censé faire. Cela peut être aussi paralysant que d'avoir à raconter une plaisanterie ou imiter un accent sur demande. La réflexion s'améliore quand on donne d'autres tâches à l'esprit, quand on le charge d'écouter de la musique ou de contempler une rangée d'arbres.

La musique ou la vue distraient un moment cette partie inquiète, critique et pragmatique de l'esprit qui a tendance à se fermer quand elle remarque quelque chose de difficile émergeant de la conscience et qui fuit craintivement les souvenirs, les désirs et les regrets, les idées introspectives ou originales et préfère l'administratif et l'impersonnel.

De tous les modes de transport, le train est peut-être le plus propice à la réflexion : les paysages n'ont pas la monotonie de ce qu'on voit généralement d'un bateau ou d'un avion, ils défilent assez vite pour qu'on n'en soit pas exaspéré mais assez lentement pour qu'on puisse identifier les objets. Ils nous offrent de brèves et stimulantes échappées sur des domaines privés, nous laissant entrevoir une femme au moment où elle prend une tasse sur une étagère dans sa cuisine, puis une courette où dort un homme, et un parc où un enfant attrape un ballon lancé par quelqu'un qu'on ne voit pas.

Traversant ainsi un plat pays, je pense avec un rare manque d'inhibition à la mort de mon père, à un essai que je suis en train d'écrire sur Stendhal et à cette méfiance qui est apparue entre deux amis. Chaque fois que mon esprit cale et se vide, s'étant heurté à une idée difficile, le flot de conscience est aidé par la possibilité de regarder par la fenêtre, de fixer un objet et de le suivre quelques secondes des yeux, jusqu'à ce qu'un nouveau train de pensées soit prêt à se former et à défiler sans effort.

Au bout de deux heures de rêverie ferroviaire, on peut avoir le sentiment d'avoir été rendu à soi-même : c'est-à-dire ramené au contact d'émotions et d'idées importantes pour soi. Ce n'est pas forcément chez nous que nous appréhendons le mieux notre vrai moi. Les meubles affirment que nous ne pouvons pas changer parce qu'ils ne changent pas ; le cadre domestique nous

Edward Hopper, *Compartiment C, voiture 293*, 1938

maintient enchaîné à la personne que nous sommes dans la vie ordinaire, mais qui n'est peut-être pas celle que nous sommes foncièrement.

Les chambres d'hôtel nous offrent une occasion semblable d'échapper à nos habitudes d'esprit. Couché dans une chambre dont le silence n'est parfois troublé que par le chuintement d'un ascenseur dans les entrailles du bâtiment, nous pouvons tracer une ligne sous ce qui a précédé notre arrivée, nous pouvons survoler de vastes zones négligées de notre expérience. Nous pouvons réfléchir à notre vie d'une hauteur que nous n'aurions pas pu atteindre au milieu de nos activités et soucis quotidiens – subtilement aidé en cela par le monde peu familier qui nous entoure : par les petites savonnettes enveloppées de papier sur le bord du lavabo, par la collection de bouteilles miniatures dans le minibar, par le menu du service en chambre avec sa promesse de repas à toute heure de la nuit et la vue sur une ville inconnue, fourmillante et silencieuse, vingt-cinq étages plus bas.

Les blocs-notes d'hôtel peuvent être les confidents de pensées étonnamment intenses et révélatrices aux petites heures du jour, tandis que le menu du petit déjeuner (« À accrocher à la porte avant 3 heures du matin ») gît, ignoré, sur le plancher, avec un bristol annonçant la météo du lendemain et celui de la direction nous souhaitant une bonne nuit.

8.
La valeur que nous attribuons au fait même de voyager, en dehors de toute référence à une destination précise, nous relie selon Raymond Williams à un vaste changement de perception remontant à la fin du XVIIIe siècle, lorsque le « vagabond » en vint à paraître moralement supérieur au « sédentaire » :

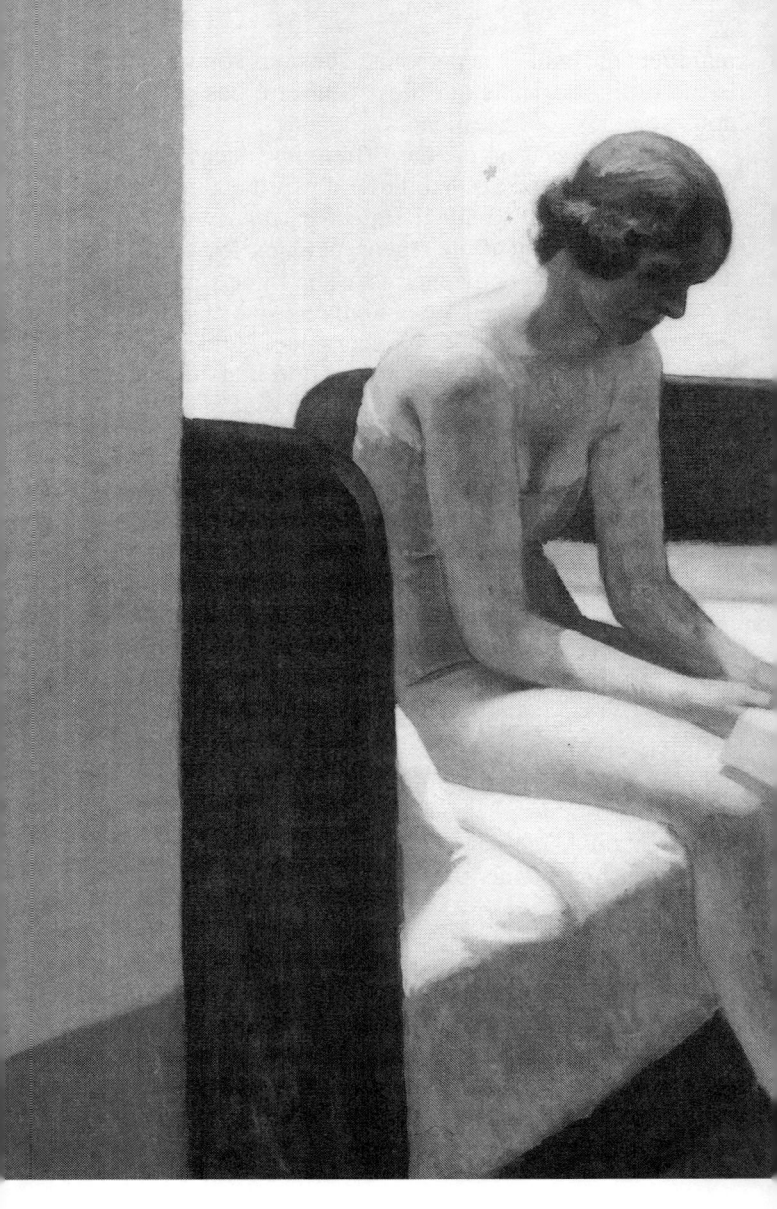

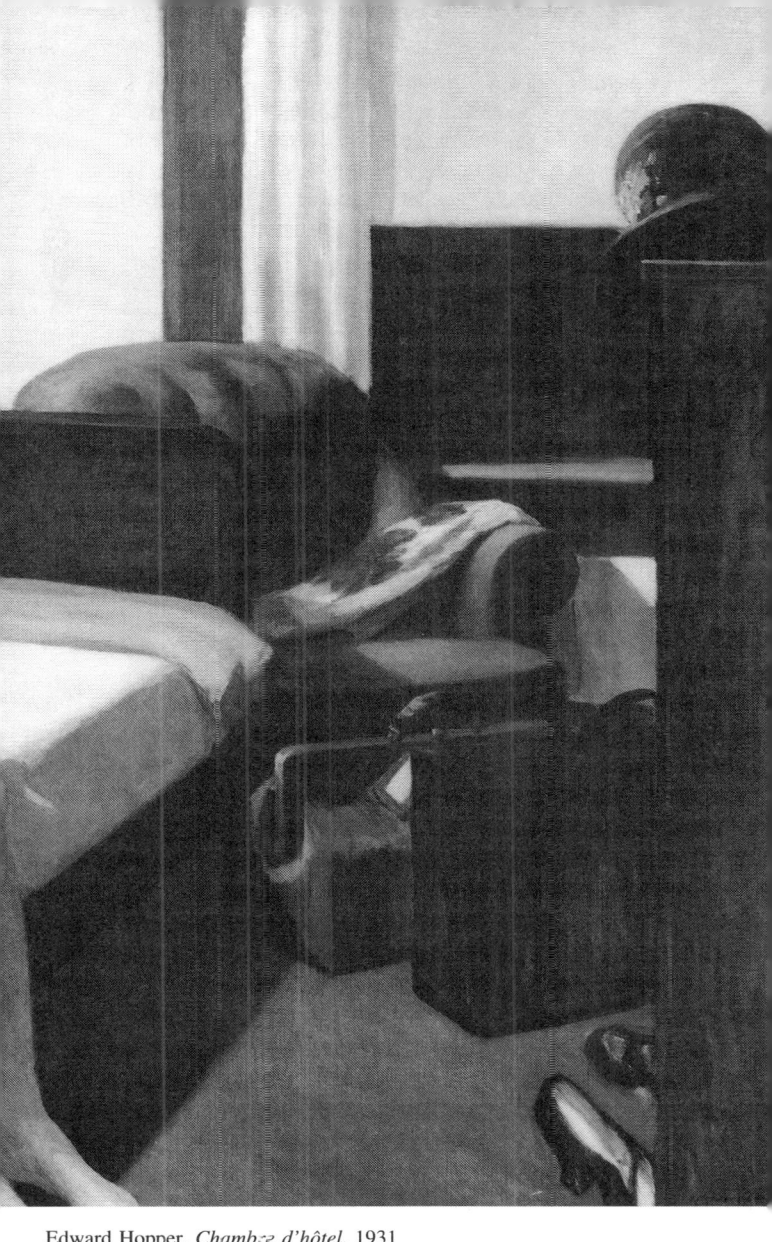

Edward Hopper, *Chambre d'hôtel*, 1931

À partir de la fin du XVIIIᵉ siècle, ce n'est plus de l'appartenance à une société, mais de la condition d'errant que provient l'instinct de fraternité. Ainsi un nécessaire isolement, le silence et la solitude deviennent les supports de la nature et de la communauté face aux rigueurs, à la froide abstinence, au confort égoïste de la société ordinaire.

R. Williams, *La Campagne et la Ville*

Si nous trouvons une certaine poésie à la station-service et au motel, si nous sommes attirés par l'aéroport ou la gare, c'est peut-être parce que, en dépit de leurs compromis architecturaux et de leur inconfort, de leurs couleurs criardes et de leur éclairage violent, nous sentons confusément que ces lieux isolés nous offrent un cadre matériel à une alternative bénéfique au confort égoïste, aux habitudes et au confinement du monde sclérosé ordinaire.

MOTIFS

III

DE L'EXOTISME

Lieux	*Amsterdam*
Guide	*Gustave Flaubert*

1.
En débarquant à l'aéroport Schiphol d'Amsterdam, après avoir fait quelques pas seulement à l'intérieur du terminal je suis frappé par l'aspect d'un panneau indiquant la direction du hall d'arrivée, de la sortie et des guichets de transit. Il est jaune vif, d'un mètre de haut sur deux de large, sobrement conçu – un panneau en plastique fixé à un boîtier lumineux en aluminium suspendu, au moyen de petites tiges d'acier, à un plafond sillonné de conduits de climatisation. Malgré sa simplicité, et même sa banalité, cet objet me procure un vif plaisir, un plaisir au regard duquel le mot « exotique » semble étrange en l'occurrence et pourtant approprié. Cet exotisme provient de certains détails : le double *a* de *Aankomst*, le voisinage d'un *u* et d'un *i* dans *Uitgang*, les indications en anglais, le mot pour « guichets », *balies*, et le choix de caractères d'allure moderne et fonctionnelle, Frutiger ou Univers.

Si ce panneau suscite un tel plaisir, c'est en partie parce qu'il apporte la première preuve tangible qu'on est arrivé ailleurs. C'est un symbole de tout ce que représente le mot « étranger ». Bien qu'il puisse paraître ordinaire à quelqu'un d'inattentif, ce panneau ne pourrait pas exister tel qu'il est là dans mon propre pays. Il y aurait moins de jaune, les caractères seraient plus doux et plus désuets, il n'y aurait, en raison d'une plus grande indifférence au désarroi des étrangers, pas d'indications dans une autre langue et les mots ne contiendraient pas de double *a* – une répétition dans laquelle je devinais confusément la présence d'une autre Histoire et d'une autre mentalité.

Une prise électrique, un robinet de lavabo, un pot de confiture ou un panneau d'aéroport peut nous dire plus de choses que ce que ses concepteurs ne l'ont voulu, il ou elle peut nous parler de la nation qui l'a fabriqué(e). Et la nation qui avait fabriqué le panneau de l'aéroport Schiphol semblait très éloignée de la mienne. Un audacieux explorateur de caractère national aurait pu attribuer ce style de caractères à l'influence du mouvement De Stijl des années vingt, l'importance accordée aux indications en anglais à l'ouverture des Néerlandais aux influences étrangères et à la création de la Compagnie des Indes orientales en 1602, et la simplicité de l'ensemble à l'esthétique calviniste qui devint partie intégrante de l'identité nationale pendant la guerre entre les Provinces unies et l'Espagne au XVIe siècle.

Le fait qu'un tel panneau pût être si différent dans deux contrées mettait en évidence une idée simple mais plaisante, à savoir que les pays eux-mêmes sont différents et les usages variables d'un côté d'une frontière à l'autre. Pourtant la différence seule n'aurait pas suffi à susciter du plaisir, ou pas très longtemps ; elle devait apparaître comme une amélioration par rapport à ce dont mon propre pays était capable. Si je qualifiais le panneau de Schiphol d'« exotique », c'était parce qu'il parvenait à suggérer, vaguement mais intensément, que le pays qui l'avait fabriqué et qui s'étendait au-delà de l'*uitgang* pourrait se révéler, d'une façon cruciale pour moi, plus favorable que le mien à mon tempérament et mes centres d'intérêt. C'était une promesse de bonheur.

2.

Le mot « exotique » a traditionnellement servi à qualifier des choses plus pittoresques que des panneaux d'aéroport hollandais : des charmeurs de serpents, des harems, des minarets, des chameaux, des souks et du thé à la menthe versé d'une grande hauteur dans de petits verres par un serviteur moustachu.

Durant la première moitié du XIXe siècle, ce mot devint synonyme de Moyen-Orient. Lorsque Victor Hugo publia son recueil de poèmes *Les Orientales*, en 1829, il put déclarer dans la préface : « On se préoccupe beaucoup plus aujourd'hui de l'Orient qu'on ne l'a jamais fait. [...] Il résulte de tout cela que l'Orient est devenu une sorte de préoccupation générale à laquelle l'auteur de ce livre a obéi peut-être à son insu. »

On retrouvait dans ces poèmes tous les éléments habituels de la littérature orientaliste européenne : pirates, pachas, sultans, épices, moustaches et derviches. Les personnages y buvaient du thé à la menthe dans de petits verres. L'œuvre fut accueillie avec enthousiasme – de même que *Les Mille et Une Nuits*, les romans orientaux de Walter Scott et *Le Giaour* de Byron. En janvier 1832, Eugène Delacroix partit pour l'Afrique du Nord afin de capturer sur ses toiles l'exotisme de l'Orient. Moins de trois mois après son arrivée à Tanger, il s'habillait comme un autochtone et signait ses lettres à son frère « Ton Africain ».

Les lieux publics européens eux-mêmes prenaient un aspect oriental. Le 14 septembre 1833, une foule assemblée le long des berges de la Seine, près de Rouen, acclama un bateau de la marine française, le *Louxor*, parti d'Alexandrie, qui remontait le fleuve vers Paris avec, dans une cale spécialement aménagée, l'énorme obélisque provenant d'un des temples de l'ancienne

Thèbes, destiné à un refuge pour piétons au centre de la place de la Concorde.

Un des spectateurs était un jeune garçon morose de douze ans nommé Gustave Flaubert, dont le plus grand désir était de quitter Rouen, de devenir chamelier en Égypte et de perdre son pucelage dans un harem avec une femme au teint olivâtre et à la lèvre supérieure légèrement duveteuse.

Ce jeune garçon n'avait pour Rouen – et la France entière, à vrai dire – que le plus profond mépris. Comme il l'écrivit quelques années plus tard à son ami Ernest Chevalier, il ne pouvait que mépriser cette « bonne civilisation » qui s'enorgueillissait d'avoir inventé « les chemins de fer, les poisons, les tartes à la crème, la royauté et la guillotine ». Sa vie était « stérile, banale et laborieuse ». « Souvent je voudrais pouvoir faire sauter les têtes des gens qui passent », nota-t-il et il confia à Ernest : « Je m'ennuie, m'ennuie, m'ennuie. » Il revint maintes fois sur ce thème de l'ennui mortel que c'était de vivre en France et surtout à Rouen. « Je me suis ennuyé aujourd'hui d'une façon terrible, écrivit-il au soir d'un mauvais dimanche. Quelle belle chose que la province et le chic des rentiers qui l'habitent ! On vous y parle [...] des impôts et de l'amélioration des routes. Le voisin surtout est un être admirable. Il faut l'écrire ainsi relativement à son importance sociale : VOISIN. »

C'était pour échapper à la mesquinerie prospère et bien-pensante de la société où il vivait que Flaubert songeait tant à l'Orient. Les allusions au Moyen-Orient abondent dans ses premiers écrits et sa correspondance. Dans *Rage et impuissance*, une histoire qu'il écrivit en 1836, à l'âge de quinze ans (il était au lycée et se voyait très bien occire le maire de Rouen), il projetait ses fantasmes orientaux sur son personnage principal, monsieur Ohmlin, qui rêvait de « l'Orient avec son soleil brûlant, son ciel bleu, ses minarets dorés, [...] ses caravanes dans le sable ; l'Orient ! [...] les grands yeux noirs [...] et cette peau brune et olivâtre des femmes de l'Asie ».

En 1839 (Flaubert lisait Rabelais et disait vouloir péter si bruyamment que tout Rouen l'entendrait), il écrivit une autre histoire, *Mémoires d'un fou*, dont le héros autobiographique évoquait une jeunesse passée à rêver du Moyen-Orient : « Je rêvais de lointains voyages dans les contrées du Sud ; je voyais l'Orient et ses sables immenses, ses palais que foulent les chameaux avec leur clochette d'airain [...] je voyais des vagues bleues, un ciel pur, un sable d'argent [...] quelque femme à la peau brune, au regard ardent, qui me parlait la langue des houris... »

En 1841 (Flaubert avait quitté Rouen et étudiait le droit à Paris, comme le souhaitait son père), il écrivit une histoire intitulée *Novembre*, dont le héros n'avait que faire des chemins de fer, de la civilisation bourgeoise et des gens de loi, et s'identifiait plutôt avec les marchands orientaux : « Oh ! se sentir plier sur le dos des chameaux ! devant soi un ciel tout rouge, un sable tout brun, l'horizon flamboyant qui s'allonge, les terrains qui ondulent [...]. Le soir, on plante les pieux, on dresse la tente, on fait boire les dromadaires [...] on allume des feux pour éloigner les chacals, que l'on entend glapir au fond du désert [...] le matin, on remplit les outres à l'oasis. »

Dans l'esprit de Flaubert, les mots « bonheur » et « Orient » devinrent interchangeables. Dans un moment de désespoir, déprimé par ses études, son manque de succès en amour, les attentes déçues de ses parents, le mauvais temps et les plaintes des fermiers (il pleuvait depuis quinze jours et plusieurs vaches s'étaient noyées

dans des prés inondés près de Rouen), il écrivit à Chevalier : « Mon existence que j'avais rêvée si belle, si poétique, si large, si amoureuse sera comme les autres, monotone, sensée, bête. *Je ferai mon droit, je me ferai recevoir* et puis j'irai pour finir dignement vivre dans une petite ville de province comme Yvetot ou Dieppe, avec une place de substitut au procureur du roi. Pauvre fou qui avait rêvé la gloire, l'amour, les lauriers, les voyages, l'Orient... »

Les gens qui vivaient le long des côtes de l'Afrique du Nord, de l'Arabie, de l'Égypte, de la Palestine et de la Syrie eussent sans doute été surpris d'apprendre que leurs contrées avaient été réunies par un jeune Français en un vague synonyme de tout ce qui était bon. « Vive le soleil, vivent les orangers, les palmiers, les lotus, les nacelles avec des banderoles, les pavillons frais pavés de marbre où les lambris exhalent l'amour ! s'exclamait-il. Ne verrai-je jamais les nécropoles embaumées où les hyènes glapissent nichées sous les momies des rois, quand le soir arrive, à l'heure où les chameaux s'assoient près des citernes ? »

Il allait pouvoir le faire, car son père mourut subitement en 1846, lui laissant une fortune qui allait lui permettre d'échapper à la carrière bourgeoise et aux papotages à propos de vaches noyées auxquels il avait paru destiné. Il se mit aussitôt à préparer un voyage en Égypte, aidé dans cette tâche par son ami Maxime Du Camp, un condisciple qui partageait sa passion pour l'Orient et avait en outre le sens pratique nécessaire à une telle entreprise.

Les deux jeunes enthousiastes quittèrent Paris pour Marseille à la fin du mois d'octobre 1849 et, après une traversée assez mouvementée, arrivèrent à Alexandrie

Eugène Delacroix, *Portes et fenêtres dans une maison arabe*, 1832 le 15 novembre. « Quand nous avons été à 2 heures du rivage d'Égypte, je suis monté avec le chef de timonerie sur l'avant et j'ai aperçu le sérail d'Abbas-Pacha, comme un dôme noir sur le bleu de la mer, écrivit Flaubert à sa mère. Le soleil tapait dessus. J'ai aperçu l'Orient à travers, ou plutôt dans une grande lumière d'argent fondue sur la mer. Bientôt le rivage s'est dessiné, et la première chose que nous avons vue à terre c'est deux chameaux conduits par un chamelier, puis, tout le long du quai, de braves Arabes qui pêchaient à la ligne de l'air le plus pacifique du monde. Pour débarquer, ç'a été le tintamarre le plus étourdissant du monde, des nègres, des négresses, des chameaux, des turbans, des coups de bâton administrés de droite et de gauche avec des intonations gutturales à déchirer les oreilles. Je me foutais une ventrée de couleurs, comme un âne s'emplit d'avoine. »

3.
À Amsterdam, je pris une chambre dans un petit hôtel du quartier Jordaan et, après avoir déjeuné dans un snack *(roggebrood met haring en uitjes)*, allai me promener dans la partie occidentale de la ville. À Alexandrie, l'impression d'exotisme était venue des chameaux, des Arabes pêchant paisiblement sur le quai et des cris gutturaux. Amsterdam fournissait des exemples différents, mais analogues d'exotisme : bâtiments aux longues briques roses assemblées avec un mortier étrangement blanc (un briquetage beaucoup plus régulier qu'en Angleterre ou en Amérique du Nord et exposé aux regards, contrairement à celui des façades françaises ou allemandes) ; longues rangées d'immeubles étroits datant du début du XXe siècle, avec de grandes fenêtres au rez-de-chaussée ; bicyclettes devant chaque maison ou immeuble (rappelant certaines villes univer-

sitaires) ; une certaine vétusté démocratique du mobilier urbain ; une absence d'édifices prétentieux ; des rues droites avec çà et là de petits parcs, dans lesquels on sent la main d'urbanistes voulant créer une ville-jardin d'inspiration socialiste. Dans une rue bordée d'immeubles identiques, je m'arrêtai à la hauteur d'une porte rouge et ressentis un désir intense de passer là le reste de ma vie. Je voyais au premier étage un appartement avec trois grandes fenêtres sans rideaux. Les murs étaient peints en blanc et l'un d'eux était orné d'un unique grand tableau entièrement composé de points bleus et rouges. Il y avait un bureau en chêne contre un mur, une grande bibliothèque et un fauteuil. Je voulais l'existence qu'évoquait ce décor. Je voulais une bicyclette, je voulais glisser ma clef chaque soir dans la serrure de la porte rouge. Je voulais me tenir derrière une fenêtre sans rideau au crépuscule et regarder un appartement semblable en face, puis dîner d'un *erwentsoep met roggebrood en spek* avant de me retirer dans une chambre blanche pour lire dans un lit aux draps blancs.

Pourquoi être séduit par quelque chose d'aussi insignifiant qu'une porte d'entrée dans un autre pays ? Pourquoi tomber amoureux d'une ville parce qu'on y voit des tramways et que ses habitants ont rarement des rideaux à leurs fenêtres ? Si absurdes que puissent paraître les réactions intenses provoquées par des éléments étrangers aussi minimes (et peu parlants en eux-mêmes), du moins un tel processus nous est-il familier dans notre vie privée. Là aussi nous nous surprenons à aimer une personne à cause de cette façon qu'elle a de beurrer son pain, ou à la prendre en grippe à cause de son goût en matière de chaussures. Nous condamner pour notre attention à d'aussi infimes détails, c'est ignorer combien les détails peuvent être riches de sens.

Mon amour de cet immeuble était fondé sur ce que je percevais être sa modestie. Il était confortable, mais pas luxueux. Il évoquait une société attachée à un juste milieu financier. Il y avait une certaine honnêteté dans son aspect. Alors que les portes d'entrée à Londres avaient souvent tendance à singer le style néoclassique, à Amsterdam elles acceptaient leur condition, elles évitaient les colonnes et le plâtre, se contentant de brique nue. L'immeuble était moderne au meilleur sens du terme, il en émanait une impression d'ordre, de netteté et de lumière.

Dans son acception la plus commune et superficielle, le mot « exotisme » suggère que le charme d'un lieu étranger provient simplement de la nouveauté et du changement ; ainsi quand nous trouvons des chameaux là où chez nous il y aurait eu des chevaux, ou des façades nues là où chez nous il y aurait eu des colonnes. Mais il peut y avoir un plaisir plus profond : nous pouvons priser des éléments étrangers non seulement parce qu'ils sont nouveaux, mais aussi parce qu'ils semblent mieux s'accorder avec ce que nous sommes, aimons et désirons que tout ce que notre propre pays pourrait nous offrir.

Mes enthousiasmes à Amsterdam étaient liés à mes insatisfactions vis-à-vis de mon pays, de son manque de modernité et de simplicité esthétique, de sa résistance à la vie urbaine et sa mentalité « rideau-de-tulle ».

Ce que nous trouvons exotique à l'étranger peut être ce à quoi nous aspirons en vain chez nous.

4.
Pour comprendre pourquoi Flaubert trouvait l'Égypte exotique, il peut donc être utile d'examiner d'abord ses sentiments à l'égard de la France. Ce qui lui paraissait

Rue d'Amsterdam

exotique, c'est-à-dire à la fois nouveau et précieux, là-bas, était par bien des côtés l'inverse de ce qui l'avait enragé dans son pays. À savoir, en un mot, les croyances et le comportement de la bourgeoisie française, qui était devenue, depuis la chute de Napoléon, la force dominante de la société, influant fortement sur la presse, la politique, les mœurs et la vie publique. Pour Flaubert, cette bourgeoisie était un monstre de pruderie, de snobisme, de racisme et de pompeuse suffisance. « Le mot le plus banal me tient parfois en singulière admiration, ironisait-il rageusement. Il y a des gestes, des sons de voix dont je ne reviens pas, et des niaiseries qui me donnent presque le vertige. [...] Le bourgeois par exemple est pour moi quelque chose d'infini. » Il passa néanmoins trente ans de sa vie à tenter de sonder l'insondable, principalement dans son *Dictionnaire des idées reçues*, un catalogue satirique des préjugés grégaires les plus frappants de la bourgeoisie française.

Quelques entrées de ce dictionnaire regroupées en fonction de certains thèmes suffisent à montrer la nature de ses griefs envers son pays – griefs sur lesquels allait croître son enthousiasme pour l'Égypte :

MÉFIANCE À L'ÉGARD DE TOUT EFFORT ARTISTIQUE
ABSINTHE – Poison extra-violent. Un verre et vous êtes mort. Les journalistes en boivent pour écrire leurs articles. A tué plus de soldats que les Bédouins !
ARCHITECTES – Tous imbéciles. Oublient toujours l'escalier des maisons.

INTOLÉRANCE ET IGNORANCE VIS-À-VIS D'AUTRES PAYS (ET DE LEURS ANIMAUX)
ANGLAISES – S'étonner de ce qu'elles ont de jolis enfants.
BAYADÈRES – Toutes les femmes de l'Orient sont des bayadères.

CHAMEAU – A deux bosses et le dromadaire une seule. Ou bien : le chameau a une bosse, le dromadaire deux. On s'y embrouille.

CORAN – Livre de Mahomet, où il n'est question que de femmes.

ÉLÉPHANTS – Se distinguent par leur mémoire, et adorent le soleil.

FRANÇAIS – Le premier peuple de l'univers.

HÔTELS – Ne sont bons qu'en Suisse.

ITALIENS – Tous musiciens. Tous traîtres.

JOHN BULL – Quand on ignore le nom d'un Anglais, l'appeler John Bull.

NÈGRES – S'étonner que leur salive soit blanche, et de ce qu'ils parlent français.

NÉGRESSES – *Plus* chaudes que les Blanches (voy. Brunes et Blondes).

NOIR – Toujours suivi de « comme l'ébène ».

OASIS – Auberge dans le désert.

PALMIER – Donne de la couleur locale.

MACHISME, ESPRIT DE SÉRIEUX

BARBE – Signe de force. Trop de barbe fait tomber les cheveux. Utile pour protéger les cravates.

BRAS – Pour gouverner la France, il faut un bras de fer.

FUSIL – Toujours en avoir un à la campagne.

Flaubert à Louise Colet, août 1846 : « Ce qui m'empêche de me prendre au sérieux, quoique j'aie l'esprit assez grave, c'est que je me trouve très ridicule, non pas de ce ridicule relatif qui est le comique théâtral, mais de ce ridicule intrinsèque à la vie humaine elle-même et qui ressort de l'action la plus simple, ou du geste le plus ordinaire. Jamais par exemple je ne me fais la barbe sans rire, tant ça me paraît bête. Tout cela est fort difficile à expliquer... »

SENTIMENTALITÉ
ANIMAUX – S'ils pouvaient parler ! Il y en a qui sont plus intelligents que les hommes.
COMMUNION – La première communion. Le plus beau jour de la vie.
ILLUSIONS – Affecter d'en avoir eu beaucoup. Se plaindre de ce qu'on les a perdues.
INSPIRATION poétique – Choses qui la provoquent : la vue de la mer, l'amour, les femmes, etc.

FOI DANS LE PROGRÈS, FIERTÉ TECHNOLOGIQUE
CHEMINS DE FER – S'extasier sur l'invention et dire : « Moi, Monsieur, qui vous parle j'étais ce matin à X, je suis parti par le train de X là-bas, j'ai fait mes affaires, etc., et à X heures, j'étais revenu ! »

PRÉTENTION
BIBLE – Le plus ancien livre du monde.
CHAMBRE À COUCHER dans un vieux château – Henri IV y a toujours passé une nuit.
CHAMPIGNONS – Ne manger que ceux qui viennent du marché.
CROISADES – Ont été bienfaisantes pour le commerce de Venise.
DIDEROT – Toujours suivi de d'Alembert.
MELON – Joli sujet de conversation à table : « Est-ce un légume ? Est-ce un fruit ? » Les Anglais le mangent au dessert, ce qui étonne.

Le Bazar des marchands de soie au Caire,
lithographie de L. Haghe d'après un dessin de David Roberts

PROMENADE – Toujours en faire une après dîner, ça aide la digestion.
SERPENTS – Tous venimeux.
VIEILLARDS – À propos d'une inondation, d'un orage, etc., les vieillards du pays ne se rappellent jamais en avoir vu un semblable.

PRUDERIE, SEXUALITÉ REFOULÉE
BLONDES – Plus chaudes que les brunes (voy. Brunes).
BRUNES – Plus chaudes que les blondes (voy. Blondes).
SEXE – Mot à éviter. Dire plutôt : « rapports intimes ».

5.
Il apparaît donc clairement que ce n'est pas par hasard ou en raison d'un simple effet de mode que Flaubert en vint à s'intéresser plus particulièrement au Moyen-Orient. C'était logique, vu son tempérament. Ce qu'il aimait dans l'Égypte pouvait être relié à des facettes essentielles de sa personnalité. L'Égypte confortait des idées et des valeurs qui faisaient partie de son identité mais pour lesquelles sa propre société avait peu de sympathie.

A) L'EXOTISME DU CHAOS

Dès qu'il débarqua à Alexandrie, Flaubert se sentit à l'aise dans le chaos visuel et sonore de la vie égyptienne : bateliers vociférant, porteurs nubiens proposant leurs services, marchandages, cris des poules qu'on tue, des ânes qu'on fouette, grognements de chameaux...

Dans les rues, écrit-il, « ce sont des intonations gutturales qui ressemblent à des cris de bêtes féroces, et des rires par là-dessus, avec de grands vêtements blancs qui pendent, des dents d'ivoire claquant sous des lèvres épaisses, nez camus de nègres, pieds poudreux, et des colliers, et des bracelets ! ». « C'est comme si l'on vous jetait tout endormi au beau milieu d'une symphonie de Beethoven, quand les cuivres déchirent l'oreille, que les basses grondent et que les flûtes soupirent. Le détail vous saisit, il vous empoigne, il vous pince et, plus il vous occupe, moins vous saisissez bien l'ensemble. [...] C'est un tohu-bohu de couleurs étourdissant, si bien que votre pauvre imagination, comme devant un feu d'artifice d'images, en demeure tout éblouie. Tandis que vous marchez le nez en l'air à regarder les minarets couverts de cigognes blanches, les terrasses des maisons où s'étirent au soleil les esclaves fatigués, les pans de murs que traversent les branches des sycomores, la clochette des dromadaires tinte à vos oreilles, et de grands troupeaux de chèvres noires passent dans la rue, bêlant au milieu des chevaux, des ânes et des marchands. »

L'esthétique de Flaubert était riche. Il aimait les tons pourpre, or et turquoise et appréciait donc les couleurs de l'architecture égyptienne. Dans son ouvrage *Les Us et coutumes des Égyptiens modernes*, publié en 1833 et révisé en 1842, le voyageur anglais Edward Lane décrivait ainsi l'intérieur habituel des maisons des marchands égyptiens : « Il y a, outre les fenêtres à moucharabieh, des fenêtres dont les vitraux représentent des bouquets de fleurs, des paons et autres objets joyeusement colorés, ou simplement des motifs pleins de fantaisie. [...] On peut voir, sur les murs enduits de plâtre de certains appartements, de grossiers tableaux représentant le temple de Mekkeh, ou le tombeau du Prophète, ou des fleurs et autres objets, exécutés par ces peintres musulmans du pays. [...] Parfois les murs sont ornés de maximes arabes magnifiquement calligraphiées. »

Le côté baroque de l'Égypte s'étendait au langage utilisé par ses habitants dans les situations les plus ordinaires. Flaubert en nota des exemples : « Ainsi tantôt, comme j'étais à examiner des graines chez un marchand, une femme, à l'enfant de laquelle je venais de faire l'aumône, m'a dit : "Béni soyez-vous, mon doux seigneur, que Dieu vous accorde de retourner sain et sauf dans votre patrie." [...] Un saïs à qui Max[ime] demandait s'il n'était pas fatigué a répondu : "Le plaisir de tes yeux me suffit." »

Pourquoi ce chaos, cette richesse touchaient-ils Flaubert ? Parce qu'il était convaincu que l'existence est foncièrement chaotique et que, sauf en art, les tentatives pour créer de l'ordre impliquent un refus borné et pudibond d'admettre notre condition. Il exprima ses sentiments sur le sujet à Louise Colet pendant un séjour qu'il fit à Londres avec sa mère en septembre 1851, quelques mois seulement après son retour d'Égypte : « Nous venons de faire une promenade au cimetière de Highgate. Quel abus d'architecture égyptienne et étrusque ! Comme c'est propre et rangé ! – Ces gens-là ont l'air d'être morts en gants blancs. – Je déteste les jardinets autour des tombeaux, avec des plates-bandes ratissées et des fleurs épanouies. Cette antithèse m'a toujours semblé de basse littérature. En fait de cimetière, j'aime ceux qui sont dégradés, ravagés, en ruine, pleins de ronces, avec des herbes hautes, et quelque vache échappée du clos voisin qui vient brouter là, tranquillement. Avouez que ça vaut mieux qu'un policeman en uniforme ! Est-ce bête, l'ordre ! »

B) L'EXOTISME DE L'ÂNE QUI CHIE

« Hier, écrivit-il quelques mois après son arrivée dans la capitale égyptienne, nous étions dans un café

Maisons du Caire, gravure extraite
de *Les Us et coutumes des Égyptiens modernes* d'Edward Lane, 1842

qui est un des beaux cafés du Caire, et où il y avait en même temps que nous un âne qui chiait et un monsieur qui pissait dans un coin. Personne ne trouve ça drôle, personne ne dit rien. » Et à ses yeux, c'était très bien comme ça.

Au cœur de sa philosophie, il y avait la conviction que nous ne sommes pas seulement des êtres spirituels, mais aussi des créatures qui pissent et chient et que nous devrions intégrer les conséquences de cette idée brutale dans notre vision du monde. « Je ne puis croire que notre corps de boue et de merde dont les instincts sont plus bas que ceux du pourceau et du morpion renferme quelque chose de pur et d'immatériel », avait-il écrit à Ernest Chevalier. Ce qui ne veut pas dire qu'il n'y a en nous aucune dimension supérieure. Mais la pruderie et le pharisaïsme de l'époque éveillaient en lui un désir de rappeler aux autres les impuretés de notre condition humaine. Et, à l'occasion, de prendre le parti d'un homme urinant dans un café – ou même du marquis de Sade, qui prônait la sodomie, l'inceste, le viol et la défloration. (« J'ai lu sur lui un article biographique de J. Janin qui m'a révolté, sur le compte de Janin bien entendu, car il déclamait pour la morale, pour la philanthropie, pour les vierges dépucelées. »)

Flaubert trouvait et appréciait dans la culture égyptienne une propension naturelle à accepter la dualité de l'existence : merde-esprit, vie-mort, pureté-sexualité, folie-raison. Les gens rotaient tout leur soûl dans les restaurants. Un enfant de six ou sept ans qu'il croisa dans une rue du Caire le salua en s'exclamant : « Je vous souhaite toutes sortes de prospérités, surtout d'avoir un long vit ! » Edward Lane remarqua aussi cette dualité, mais réagit, comme on pouvait s'y attendre, davantage comme le critique Janin que comme Flaubert : « En Égypte les personnes des deux sexes et de toute condition, même les femmes les plus vertueuses et respectables, tiennent volontiers les propos les plus libres et immodestes. On entend souvent, dans la bouche des personnes les mieux éduquées, des expressions si obscènes qu'elles ne seraient de mise que dans un lupanar de bas étage ; et des choses sont nommées, et des sujets abordés – par les femmes les plus distinguées, qui ne semblent pas se douter de leur inconvenance, devant des hommes –, que bien des prostituées dans notre pays s'abstiendraient probablement de mentionner. »

C) L'EXOTISME DU CHAMEAU

« Une des plus belles choses, écrivit Flaubert du Caire, c'est le chameau. Je ne me lasse pas de voir passer cet étrange animal qui sautille comme un dindon, et balance son col comme un cygne. Ils ont un cri que je m'épuise à reproduire. J'espère le rapporter, mais c'est difficile à cause d'un certain gargouillement qui tremblote au fond du râle qu'ils poussent. » Quelques mois après avoir quitté l'Égypte, il énuméra dans une lettre à un ami de la famille tout ce qui l'avait le plus impressionné là-bas : les Pyramides, « puis Thèbes, le palais de Karnac et les tombeaux des Rois, puis un danseur du Caire, un grand artiste inconnu, qui s'appelle Hassan el Bilbeis... ». « Mais, ajouta-t-il, ma passion dominante c'est le chameau (n'allez pas croire que ce soit un calembour[1]), rien n'est d'une grâce plus singulière que ce mélancolique animal. Il faut les voir dans le désert quand ils s'avancent à l'horizon rangés sur une seule ligne, comme des soldats ; leur col se balance comme ceux des autruches et ça avance, ça avance... »

1. Le mot « chameau » avait aussi le sens de « vieille courtisane ». *(N.d.T.)*

Pourquoi Flaubert admirait-il tant le chameau ? Il s'identifiait à cette bête stoïque et dégingandée, il était touché par son expression mélancolique et ce mélange de gaucherie et d'endurance empreinte de fatalisme. Les gens du pays semblaient avoir certaines des qualités du chameau : une force et une humilité silencieuses qui contrastaient avec l'arrogance bourgeoise des voisins normands de l'écrivain.

Il détestait depuis son enfance l'optimisme de son propre pays – un ressentiment exprimé, dans *Madame Bovary*, à travers la description de la cruelle foi scientiste du personnage le plus odieux, le pharmacien Homais –, et il avait bien évidemment une vision plus sombre des choses : « Après tout merde, voilà. Avec ce grand mot on se console de toutes les misères humaines, aussi je me plais à le répéter : merde, merde. » C'était une philosophie que reflétaient les yeux noblement mélancoliques, mais légèrement malicieux, du chameau égyptien.

6.
À Amsterdam, au coin de Tweede Helmers Straat et d'Eerste Constantijn Huygens Straat, je remarque une jeune femme d'une trentaine d'années qui pousse un vélo le long du trottoir. Ses cheveux auburn sont relevés en chignon, elle porte un long manteau gris, un pull orange, des souliers plats marron et des lunettes d'aspect fonctionnel. Apparemment c'est son quartier, car elle marche avec assurance et sans curiosité. Dans un panier attaché au guidon de son vélo il y a un pain et une boîte en carton sur laquelle on peut lire *Goodappeltje*. Elle ne voit rien d'étrange dans ce *t* et ce *j* accolés, sans voyelle entre eux, sur son carton de jus de pomme. Il n'y a rien d'exotique pour elle dans le fait de pousser une bicyclette vers telle ou telle bouti-

que, ou dans les hauts immeubles munis d'une potence au dernier étage pour hisser les meubles.

Le désir suscite un besoin de comprendre. Où va-t-elle ? À quoi pense-t-elle ? Qui sont ses amis ? Sur le bateau fluvial qui avait emmené Flaubert et Du Camp à Marseille, où les attendait le vapeur pour Alexandrie, Flaubert n'avait pu s'empêcher de se poser des questions semblables au sujet d'une femme. Tandis que les autres passagers regardaient distraitement le paysage, il observait une femme sur le pont. C'était, écrivit-il dans ses notes de voyage, « une jeune et svelte créature qui portait sur sa capote de paille d'Italie un long voile vert. Sous son caraco de soie elle avait une petite redingote d'homme à collet de velours avec des poches sur les côtés dans lesquelles elle mettait ses mains. Boutonné sur la poitrine par deux rangs de boutons, cela lui serrait au corps, en lui dessinant les hanches et de là s'en allaient ensuite les plis nombreux de sa robe qui remuaient contre ses genoux quand soufflait le vent. Elle était gantée de gants noirs très justes et se tenait la plupart du temps appuyée sur le bastingage à regarder les rives. [...] J'ai cette manie de bâtir de suite des livres sur les figures que je rencontre. Une invincible curiosité me fait me demander malgré moi quelle peut être la vie du passant que je croise. Je voudrais savoir son métier, son pays, son nom, ce qui l'occupe à cette heure, ce qu'il regrette, ce qu'il espère, amours oubliées, rêves d'à présent [...] et si c'est une femme (d'âge moyen surtout), alors la démangeaison devient cuisante. Comme on voudrait tout de suite la voir nue, avouez-le – et nue jusqu'au cœur. Comme on cherche à connaître d'où elle vient, où elle va, pourquoi elle se trouve ici et pas ailleurs ! Tout en promenant vos yeux sur elle, vous lui faites des aventures, vous lui supposez des sentiments. On pense à la chambre qu'elle doit avoir, à mille choses encore et, que sais-je [...] aux pantoufles rabattues dans lesquelles elle passe son pied en descendant du lit ».

Au charme que peut avoir une personne séduisante dans notre propre pays s'ajoute, dans une contrée exotique, l'attrait qui provient de sa situation géographique. S'il est vrai que l'amour est une recherche chez autrui de qualités dont nous sommes dépourvus, alors il peut y avoir, dans notre amour d'une personne étrangère, un désir de nous rapprocher de valeurs qui font défaut dans notre propre culture.

Dans ses tableaux marocains, Delacroix semble suggérer comment le désir d'un lieu peut susciter un désir envers ceux qui y vivent. En voyant *Femmes d'Alger dans leur appartement*, on peut avoir envie de savoir, comme Flaubert avait envie de connaître les femmes qu'il croisait, leur nom, ce qui les occupe à cette heure, ce qu'elles regrettent, ce qu'elles espèrent, amours oubliées, rêves d'à présent...

La célèbre expérience sexuelle de Flaubert en Égypte fut certes vénale, mais non dénuée de sentiment. Elle eut lieu dans le village d'Esneh, sur la rive gauche du Nil, à une cinquantaine de kilomètres au sud de Louxor. Flaubert et Maxime Du Camp s'y étaient arrêtés pour la nuit et avaient été présentés à une célèbre courtisane, qui avait aussi une réputation d'*almée* ou danseuse lettrée. Le mot « prostituée » ne saurait rendre la dignité du rôle de Kouchouk-Hanem. Flaubert la désira dès qu'il la vit : « Sa peau, surtout du corps, est un peu cafetée. Quand elle s'assoit de côté, elle a des bourrelets de bronze sur ses flancs. Ses yeux sont noirs et démesurés, ses sourcils noirs, ses narines fendues, larges, épaules solides, seins abondants, pomme. [...] Ses cheveux noirs, frisants, rebelles à la brosse, séparés en

Eugène Delacroix, *Femmes d'Alger dans leur appartement*, 1834

bandeaux par une raie sur le front [...]. Elle a une incisive d'en haut, côté droit, qui commence à se gâter. »

Kouchouk invita Flaubert à revenir la voir dans sa modeste demeure. La nuit était exceptionnellement froide, le ciel clair. Flaubert nota dans son carnet : « Nous nous sommes couchés [...] elle s'endort la main entrecroisée dans la mienne, elle ronfle ; la lampe, dont la lumière faible venait jusqu'à nous, faisait sur son beau front comme un triangle d'un métal pâle, le reste de la figure dans l'ombre. Son petit chien dormait sur ma veste de soie, sur le divan. Comme elle se plaignait de tousser, j'avais mis ma pelisse sur sa couverture. [...] Je me suis livré là à des intensités nerveuses, pleines de réminiscences. – Sensations de son ventre sur mes..., la... plus chaude que le ventre me chauffait comme un fer. [...] Nous nous sommes dit beaucoup de choses par la pression ; tout en dormant, elle avait des pressions de mains ou de cuisses machinales comme des frissons involontaires. [...] Quelle douceur ce serait pour l'orgueil si, en partant, on était sûr de laisser un souvenir, et qu'elle pensera à vous plus qu'aux autres, que vous resterez en son cœur ! »

Le souvenir ému de Kouchouk-Hanem hanta Flaubert le long du Nil. En revenant de Philae et d'Assouan, Du Camp et lui firent halte à Esneh pour lui rendre une dernière visite. Cette ultime rencontre rendit Flaubert encore plus mélancolique : « Tristesse infinie. [...] C'est fini, je ne la reverrai plus, et sa figure, peu à peu, ira s'effaçant dans ma mémoire ! » Elle ne s'effaça jamais.

7.
On nous apprend à nous méfier des rêveries exotiques d'hommes européens voyageant dans des contrées orientales et passant à l'occasion la nuit avec une indigène. L'enthousiasme de Flaubert pour l'Égypte était-il

autre chose que l'ardent fantasme d'une alternative à un pays natal détesté, une idéalisation adolescente de l'« Orient » prolongée dans l'âge adulte ?

Si vague qu'ait pu être sa vision de l'Égypte au début de son voyage, Flaubert pourra – au terme d'un séjour de neuf mois – se targuer d'une compréhension réelle du pays. Trois jours après son arrivée à Alexandrie, il commença à étudier sa langue et son histoire. Il paya un professeur pour se familiariser avec les coutumes musulmanes (trois francs l'heure, quatre heures par jour). Au bout de deux mois, il esquissa le plan d'un livre intitulé *Coutumes musulmanes* (jamais écrit), qui devait comporter des chapitres sur la naissance, la circoncision, le mariage, le pèlerinage à La Mecque, les rites funèbres et le jugement dernier. Il apprit par cœur des passages du Coran trouvés dans *Les Livres sacrés de l'Orient*, de Guillaume Pauthier, et lut les principaux ouvrages européens sur l'Égypte, dont le *Voyage en Égypte et en Syrie* de C.F. Volney et les *Voyages en Perse et aux Indes orientales* de Chardin. Au Caire, il eut des conversations avec l'évêque copte et explora les communautés arménienne, grecque et sunnite. À cause de son teint mat, de sa moustache et de ce qu'il savait de la langue, on le prenait souvent pour un autochtone. Il portait une « grande chemise de Nubien, en coton blanc, ornée de houppes » et son crâne était complètement ras, sauf une mèche à l'occiput, car « c'est par là qu'au jour du jugement Mahomet doit vous enlever ». On lui donna un surnom arabe, comme il l'expliqua à sa mère : « Comme [les Égyptiens] ont une grande difficulté à prononcer nos noms français, afin de distinguer les Franks ils en inventent un à leur usage. Devine-le donc, ce fameux nom ? *Abou-Schenep*, ce qui veut dire : *le père de la moustache* (ce mot d'*Abou*, père, s'applique à tout ce qui a rapport à la

chose principale dont on parle. Ainsi on dit : père des bottes, père de la colle, père de la moutarde, pour dire marchand de chaussures, de colle, de moutarde...). »

Comprendre réellement l'Égypte, c'était aussi découvrir qu'elle n'était pas tout ce qu'elle avait paru être de Rouen. Il y avait naturellement des déceptions. À en croire le récit que fit de ce voyage, de nombreuses années plus tard, un Maxime Du Camp aigri – pas mécontent de s'en prendre à un auteur plus célèbre que lui et dont il n'était plus si proche –, Flaubert s'ennuyait autant sur le Nil (si improbable que cela paraisse) qu'il s'était ennuyé à Rouen : « Flaubert n'avait rien de mon exaltation, il était calme et vivait en lui-même. Le mouvement, l'action lui étaient antipathiques. Il eût aimé à voyager, s'il eût pu, couché sur un divan et ne bougeant pas, voir les paysages, les ruines et les cités passer devant lui comme une toile de panorama qui se déroule mécaniquement. Dès les premiers jours de notre arrivée au Caire, j'avais remarqué sa lassitude, et son ennui ; ce voyage, dont le rêve avait été si longtemps choyé et dont la réalisation lui avait semblé impossible, ne le satisfaisait pas. Je fus très net, je lui dis : "Si tu veux retourner en France, je te donnerai mon domestique pour t'accompagner." Il me répondit : "Non, je suis parti, j'irai au bout, charge-toi de déterminer les itinéraires, je te suivrai : il m'est indifférent d'aller à droite ou à gauche." Les temples lui paraissaient toujours les mêmes, les paysages toujours semblables, les mosquées toujours pareilles. Je ne suis pas certain qu'en présence de l'île Éléphantine il n'ait regretté les prairies de Sotteville, et qu'il n'ait pensé à la Seine en contemplant le Nil. »

Flaubert dans le jardin de son hôtel au Caire en 1850

La critique de Du Camp n'était pas complètement infondée. Dans un moment d'abattement, près d'Assouan, Flaubert écrivit dans son carnet : « Les temples égyptiens m'embêtent profondément. Est-ce que ça va devenir comme les églises en Bretagne, comme les cascades dans les Pyrénées ? Ô la nécessité ! Faire ce qu'il faut faire ; être toujours, selon les circonstances (et quoique la répugnance du moment vous en détourne), comme un jeune homme, comme un voyageur, comme un artiste, comme un fils, comme un citoyen, etc., doit être ! » Bivouaquant à Philae quelques jours plus tard, il reprit : « Je ne bouge pas de l'île et je m'y ennuie. Qu'est-ce donc, ô mon Dieu, que cette lassitude permanente que je traîne avec moi ! [...] La robe de Déjanire n'était pas mieux collée au dos d'Hercule que l'ennui ne l'est à ma vie ! il la ronge plus lentement, voilà tout ! »

Et alors qu'il avait espéré échapper à ce qu'il jugeait être l'extraordinaire bêtise de la bourgeoisie européenne moderne, il s'aperçut qu'elle le suivait partout : « La bêtise est quelque chose d'inébranlable ; rien ne l'attaque sans se briser contre elle. [...] À Alexandrie, un certain Thompson, de Sunderland, a sur la colonne de Pompée écrit son nom en lettres de six pieds de haut. Cela se lit à un quart de lieue de distance. Il n'y a pas moyen de voir la colonne sans voir le nom de Thompson, et par conséquent sans penser à Thompson. Ce crétin s'est incorporé au monument et se perpétue avec lui. Que dis-je ? Il l'écrase par la splendeur de ses lettres gigantesques. [...] Tous les imbéciles sont plus ou moins des Thompson de Sunderland. Combien, dans la vie, n'en rencontre-t-on pas à ses plus belles places et sur ses angles les plus purs ? [...] En voyage on en rencontre beaucoup [...] ; mais, comme ils passent vite, ils amusent. Ce n'est pas comme dans la vie ordinaire où ils finissent par vous rendre féroce. »

Pourtant rien de tout cela ne signifiait qu'il avait surestimé l'intérêt que présentait pour lui l'Égypte. Il remplaçait simplement une image absurdement idéalisée par une autre plus réaliste mais non moins digne d'admiration, il échangeait une toquade de jeunesse contre un amour mieux informé. Plus tard, irrité par la caricature que Du Camp fit de lui en touriste déçu, il aurait pu dire comme il l'avait écrit jadis à Alfred Le Poittevin : « Le bourgeois dirait : Vous aurez là une grande désillusion. Mais j'ai rarement éprouvé des désillusions, ayant eu peu d'illusions. Quelle plate bêtise de toujours vanter le mensonge et de dire : la poésie vit d'illusions ! »

À sa mère, il précisa dans une lettre ce que son voyage lui avait apporté : « Tu me demandes si l'Orient est à la hauteur de ce que j'imaginais. À la hauteur, oui, et de plus il dépasse en largeur la supposition que j'en faisais. J'ai trouvé dessiné nettement ce qui pour moi était brumeux. »

8.
Quand vint le moment de quitter l'Égypte, Flaubert fut désespéré. « Quand reverrai-je un palmier ? Quand remonterai-je à dromadaire ? » écrivit-il, et il allait y revenir en pensée jusqu'à la fin de ses jours. Peu avant sa mort, en 1880, il confia à sa nièce Caroline : « Depuis quinze jours, je suis empoigné par l'envie de voir un palmier se détacher sur un ciel bleu et d'entendre claquer un bec de cigogne au haut d'un minaret. » La relation durable de Flaubert avec l'Égypte semble être une invitation à approfondir et respecter l'attirance que nous éprouvons pour certains pays. Dès son adolescence, Flaubert avait affirmé qu'il ne se sentait pas

français. Sa haine de son pays et de ses habitants était si profonde qu'elle ôtait tout sens à son état civil. Et donc il suggéra une nouvelle façon d'attribuer la nationalité : non en fonction du pays où on est né ou dont notre famille est originaire, mais des endroits vers lesquels on se sent attiré. (Il était logique qu'il étende ce concept plus souple d'identité au sexe et à l'espèce et déclare à l'occasion que, contrairement aux apparences, il était en réalité une femme, un chameau ou un ours. « J'ai même envie d'acheter un bel ours (en peinture), de le faire encadrer et suspendre dans ma chambre, après avoir écrit au-dessous *Portrait de Gustave Flaubert*, pour indiquer mes dispositions morales et mon humeur sociale. »)

C'est dans une lettre écrite à l'âge de dix-neuf ans, au retour d'un voyage en Corse, qu'il avait développé pour la première fois l'idée qu'il se sentait profondément d'ailleurs : « Je suis emmerdé d'être retourné dans un foutu pays où l'on ne voit pas plus de soleil dans l'air que de diamants au cul des pourceaux. Bran pour la Normandie et pour la belle France. [...] Je crois que j'ai été transplanté par les vents dans ce pays de boue, et que je suis né ailleurs, car j'ai toujours eu comme des souvenirs ou des instincts de rivages embaumés, de mers bleues. J'étais né pour être empereur de Cochinchine, pour fumer dans des pipes de 36 toises, pour avoir 6 mille femmes et 1 400 bardaches, des cimeterres pour faire sauter les têtes des gens dont la figure me déplaît, des cavales numides, des bassins de marbre... »

Sans doute une telle alternative à *la belle France** était-elle peu réaliste, mais l'idée centrale de la lettre, la conviction qu'il y avait été « transplanté par les vents », allait être exprimée à maintes reprises et d'une façon plus raisonnée dans sa maturité. Quelques années avant son voyage en Orient, il tenta d'expliquer sa théorie de l'identité nationale (mais non biologique ou sexuelle) à Louise Colet (« ma sultane ») : « Quant à l'idée de la patrie, c'est-à-dire d'une certaine portion de terrain dessinée sur la carte et séparée des autres par une ligne rouge ou bleue, non, la patrie est pour moi le pays que j'aime, c'est-à-dire celui que je rêve, celui où je me trouve bien. Je suis autant chinois que français, et je ne me réjouis nullement de nos victoires sur les Arabes parce que je m'attriste à leurs revers. J'aime ce peuple âpre, persistant, vivace, dernier type des sociétés primitives et qui, aux haltes de midi, couché à l'ombre, sous le ventre de ses chamelles, raille en fumant son chibouk notre brave civilisation qui en frémit de rage. »

Louise répondit qu'elle trouvait absurde cette idée d'un Flaubert chinois ou arabe, et donc l'écrivain revint à la charge dans une autre lettre quelques jours plus tard : « Je ne suis pas plus moderne qu'ancien, pas plus français que chinois, et l'idée de la patrie, c'est-à-dire l'obligation où l'on est de vivre sur un coin de terre marqué en rouge ou en bleu sur la carte et de détester les autres coins en vert ou en noir, m'a paru toujours étroite, bornée et d'une stupidité féroce. Je suis le frère en Dieu de tout ce qui vit, de la girafe et du crocodile comme de l'homme... »

Le vent du hasard nous a tous déposés à la naissance dans tel ou tel pays, mais, comme Flaubert, nous avons la possibilité de nous recréer à l'âge adulte une identité plus en accord avec nos préférences réelles. Quand nous sommes las de notre nationalité officielle (*Dictionnaire des idées reçues*, FRANÇAIS : Comme on est fier d'être français quand on regarde la colonne Vendôme !), nous pouvons nous retirer dans la partie de nous-mêmes qui est plus bédouine que normande, qui adore chevaucher un dromadaire dans un khamsin, s'attarder dans un café où chie un âne et prendre part à ce qu'Edward Lane appelait des « conversations immodestes ».

Lorsqu'on demandait à Socrate d'où il était, il ne répondait pas : « D'Athènes », mais : « Du monde ». Flaubert était de Rouen (comme il l'avait écrit dans sa jeunesse, une ville qui *s'emmerdait** et dont les bourgeois s'abrutissaient d'ennui le dimanche), mais Abou-Schenep, le père de la moustache, aurait pu répondre : « Peut-être un peu d'Égypte aussi. »

IV

DE LA CURIOSITÉ

Lieux	*Madrid* 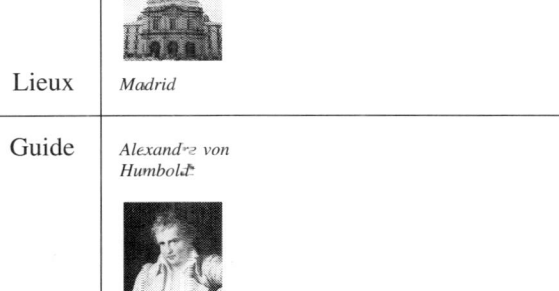
Guide	*Alexander von Humboldt*

1.
Au printemps je fus invité à un colloque de trois jours à Madrid, colloque qui devait se terminer un vendredi après-midi. Puisque je n'avais encore jamais visité cette ville et qu'on m'avait, en plusieurs occasions, parlé de ses curiosités (qui ne se limitaient apparemment pas à ses musées), je décidai de prolonger mon séjour de quelques jours. Mes hôtes madrilènes m'avaient réservé une chambre dans un hôtel donnant sur une large avenue bordée d'arbres dans la partie sud-est de la ville. La chambre, elle, donnait sur une cour dans laquelle un petit homme qui ressemblait à Philippe II fumait parfois une cigarette en tapotant du pied la porte en fer de ce que j'imaginais être une cave. Le vendredi soir, je rentrai tôt à l'hôtel. Je n'avais pas dit à mes hôtes que je resterais le week-end, de peur de les contraindre à une hospitalité pas très sincère dont personne ne bénéficierait. Mais cela signifiait aussi que j'allais devoir me passer de dîner, car je me rendis compte que j'étais trop timide pour m'aventurer seul dans un des restaurants du quartier, des lieux sombres avec des lambris et souvent un jambon suspendu au plafond, où je risquais de devenir un objet de curiosité et de pitié. Alors je me contentai d'un paquet de chips au paprika pris

dans le minibar de ma chambre et, après avoir regardé les actualités sur une chaîne étrangère, m'endormis.

Au réveil le lendemain matin je me sentis complètement léthargique, comme si mes veines s'étaient emplies de sucre en poudre ou de sable. Le soleil brillait à travers les rideaux plastifiés rose et gris, et la rumeur de la circulation me parvenait de l'avenue. Sur la table il y avait plusieurs magazines touristiques contenant des renseignements sur la ville, et deux guides de voyage que j'avais apportés avec moi. À leur façon différente, ils conspiraient à suggérer qu'un phénomène excitant et complexe appelé Madrid attendait d'être découvert dehors, composé de monuments, d'églises, de musées, de fontaines, de *plazas* et de rues commerçantes. Et pourtant ces choses, dont j'avais tant entendu parler et que j'avais la chance et le privilège de pouvoir enfin voir, ne suscitaient en moi qu'un mélange d'apathie et de dégoût de moi-même à l'idée du contraste entre ma propre indolence et ce que j'imaginais être l'impatience de visiteurs plus normaux. Mon plus grand désir était de rester au lit et, si possible, de rentrer sans tarder chez moi.

2.
Durant l'été 1799, un jeune Allemand de vingt-neuf ans, Alexander von Humboldt, partit du port espagnol de La Corogne pour un voyage d'exploration du continent sud-américain.

« Dès mon plus jeune âge j'ai eu envie d'aller dans des contrées lointaines rarement visitées par des Européens, se souvint-il plus tard. L'étude des cartes et la lecture des récits de voyage engendraient en moi une fascination secrète qui était parfois presque irrésistible. » Ce jeune Allemand avait tout ce qu'il fallait pour réaliser les rêves et les projets nés de cette fascination. Outre une grande endurance physique, il avait de solides connaissances en biologie, géologie, chimie, physique et histoire. À l'université de Göttingen il s'était lié d'amitié avec Georg Forster, le naturaliste qui avait accompagné le capitaine Cook lors de son second voyage, et il avait maîtrisé l'art de classifier les espèces végétales et animales. Depuis qu'il avait terminé ses études, il cherchait une occasion d'aller dans une contrée lointaine et peu connue. Des projets de se rendre en Égypte et à La Mecque étaient tombés à l'eau au dernier moment, mais au printemps 1799 il eut la chance de rencontrer le roi Charles IV d'Espagne et le persuada de financer son exploration de l'Amérique du Sud.

Il allait y rester cinq ans. À son retour, il s'installa à Paris et durant les vingt années suivantes publia les trente volumes de son *Voyage aux régions équinoxiales du Nouveau Continent*. La longueur de l'ouvrage donnait la mesure de la tâche accomplie par Humboldt. Au vu de celle-ci, R.W. Emerson devait écrire : « Humboldt fut un de ces prodiges du monde, comme Aristote, comme Jules César, comme l'Admirable Crichton, qui surgissent de temps à autre comme pour nous montrer les possibilités de l'esprit humain, la force et l'étendue de ses facultés – un homme universel. »

On savait encore peu de choses sur l'Amérique du Sud en Europe quand le bateau où avait embarqué Humboldt appareilla de La Corogne : Vespucci et Bougainville avaient longé les côtes du continent, La Condamine et Bouguer avaient répertorié les fleuves et les montagnes de l'Amazonie et du Pérou, mais il n'y avait encore aucune carte précise et on avait peu de renseignements sur la géologie, la flore et la vie des indigènes de ces régions. Humboldt bouleversa l'état

Eduard Ender, *Alexander von Humboldt et Aimé Bonpland au Venezuela*, vers 1850

des connaissances sur le sujet. Il parcourut 15 000 kilomètres le long des côtes nord et à l'intérieur, collectant 1 600 plantes et identifiant 600 nouvelles espèces en chemin. Il redessina la carte du continent grâce à des mesures faites avec des chronomètres et des sextants plus précis. Il étudia le magnétisme terrestre et fut le premier à découvrir que l'intensité magnétique décroît à mesure qu'on s'éloigne des pôles. Il fut aussi un des premiers à décrire l'hévéa et le quinquina. Il dressa la carte des cours d'eau reliant les systèmes fluviaux de l'Orénoque et du rio Negro. Il mesura les effets de la pression atmosphérique et de l'altitude sur la végétation. Il étudia les rites des populations du bassin amazonien et élabora une théorie sur les rapports entre la géographie et les caractéristiques culturelles. Il compara la salinité des eaux du Pacifique et de l'Atlantique et conçut l'idée de courants marins, comprenant que la température de la mer dépend davantage du mouvement des océans que de la latitude.

Son premier biographe, F.A. Schwarzenberg, donna pour sous-titre à l'ouvrage qu'il lui consacra : *Ce qui peut être accompli au cours d'une vie*, et résuma ainsi les domaines où s'était exercée son extraordinaire curiosité :

« 1. Connaissance de la Terre et de ses habitants. 2. Découverte des lois naturelles fondamentales qui gouvernent l'univers, les hommes, les animaux, les végétaux et les minéraux. 3. Découverte de nouvelles formes de vie. 4. Découverte de territoires jusque-là mal connus, et de leurs diverses productions. 5. Connaissance de nouvelles variétés de l'espèce humaine – leurs mœurs, leurs idiomes et les éléments historiques de leur culture. »

Ce qui peut être accompli au cours d'une vie – et l'est rarement, ou jamais.

3.
C'est une femme de ménage qui m'obligea finalement à aller explorer Madrid. À trois reprises elle fit irruption dans ma chambre avec un balai et un panier de produits d'entretien et, voyant une forme recroquevillée sous les draps, s'exclama sur un ton d'effarouchement théâtral : « *Hola, perdone !* », avant de ressortir en veillant à ce que ses ustensiles heurtent bruyamment la porte qu'elle claquait. Peu désireux de la voir surgir ainsi une quatrième fois, je m'habillai et commandai un chocolat chaud et une assiette de petits beignets au bar de l'hôtel, puis je me dirigeai vers la partie de la ville qu'un de mes guides de voyage appelait le vieux Madrid :

Quand Felipe II fit de Madrid la capitale de son royaume en 1561, c'était une petite ville castillane d'à peine 20 000 habitants. Elle allait devenir, au fil des ans, le centre vital d'un puissant empire. Le bourg médiéval aux rues étroites s'était développé autour de la vieille forteresse maure, qui fut remplacée plus tard par un palais gothique et finalement par le Palais royal actuel construit par les Bourbons. La cité du XVIe siècle est connue sous le nom de « Madrid des Autrichiens » depuis l'épisode des Habsbourg. À cette époque des monastères et des couvents furent créés, des églises et des palais construits. Au XVIIe siècle on y ajouta la Plaza Mayor, et la Puerta del Sol devint le cœur spirituel et géographique de l'Espagne.

J'étais au coin de la Calle de Carretas et de la Puerta del Sol, un carrefour plutôt quelconque en forme de demi-lune au milieu duquel Carlos III (1759-1788) chevauchait une monture. C'était une belle journée et de nombreux touristes s'arrêtaient là pour prendre des photos et écouter des guides. Et je me demandai, avec une anxiété croissante : « Que suis-je censé faire ici ? Que suis-je censé penser ? »

4.
Humboldt ne s'était jamais posé de telles questions. Dans tous les lieux où il allait, sa mission était claire : découvrir des faits et mener à bien des expériences pour y parvenir.

Déjà sur le bateau qui l'amenait en Amérique du Sud il s'était mis au travail : il avait mesuré la température de l'eau toutes les deux heures depuis l'Espagne jusqu'à sa première destination, Cumaná, sur la côte de la Nouvelle-Grenade (le Venezuela) ; il avait pris des mesures avec son sextant et recensé les diverses espèces marines qu'il voyait ou qu'il trouvait dans le filet qu'il avait suspendu à l'arrière du bateau. Et une fois arrivé au Venezuela, il se plongea dans l'étude de la végétation autour de Cumaná. Les collines calcaires de la région étaient parsemées d'oponces et de cactus en forme de candélabre couverts de lichen. Un après-midi, il mesura un cactus *(Tuna macho)* et nota sa circonférence : 1,54 mètre. Il passa trois semaines à mesurer beaucoup d'autres plantes sur la côte, puis s'aventura dans les montagnes couvertes de jungle de la Nouvelle-Andalousie, avec une mule chargée d'une malle contenant un sextant, une pipette, un instrument pour mesurer les variations magnétiques, un thermomètre et l'hygromètre de Saussure, qui mesurait l'humidité ambiante au moyen d'un cheveu et d'un bout de fanon de baleine. Il fit bon usage de tous ces instruments et nota dans son journal : « Quand nous entrâmes dans la forêt, le baromètre montra que nous prenions de l'altitude. Les troncs d'arbres offraient un spectacle extraordinaire : une graminée à rameaux verticillés qui grimpe comme une liane jusqu'à une hauteur de 8 ou 10 pieds formait en travers de notre chemin des guirlandes qui se balançaient dans la brise. Vers 3 heures de l'après-midi nous nous arrêtâmes dans une petite plaine appelée Quetepe, à quelque 190 toises au-dessus du niveau de la mer. Quelques huttes s'y dressent près d'une source dont l'eau est connue des Indiens pour sa fraîcheur et sa salubrité. Nous la trouvâmes délicieuse. Sa température n'était que de 22,5 °C, alors que celle de l'air était de 28,7 °C. »

5.
Mais à Madrid tout était déjà connu, tout avait déjà été mesuré. Le côté nord de la Plaza Mayor, construite par Juan Gómez de Mora en 1619, était long de 101 mètres et 52 centimètres. La température était de 18,5°, le vent d'ouest. La statue équestre de Philippe III au centre de la place était haute de 5,43 mètres et avait été sculptée par Giambologna et Pietro Tacca. Mon guide semblait parfois présenter ses renseignements factuels avec une certaine impatience. Il m'envoya à la Pontificia de San Miguel, un bâtiment gris fait pour repousser les regards fortuits des passants et déclara :

Cette basilique due à Bonavia est une des rares églises espagnoles inspirées par le baroque italien du XVIIIe siècle. Sa façade convexe, conçue comme un jeu de courbes et de contre-courbes, est garnie de belles statues. Au-dessus du portail on remarque un bas-relief des saints Juste et Pastor, auxquels la basilique fut jadis dédiée. Sa coupole ovale, ses voûtes à arcs entrecroisés, ses corniches aux lignes souples et ses nombreux décors en stuc lui confèrent grâce et élégance.

Si mon niveau de curiosité était tellement plus bas que celui de Humboldt (et mon envie de retourner me coucher si forte), c'était en partie à cause de la foule d'avantages dont bénéficie un voyageur en mission de découverte par rapport à un simple touriste.

Les faits ont une utilité. La mesure de la longueur du côté nord de la Plaza Mayor s'avérera utile aux architectes et à ceux qui étudient l'œuvre de Juan Gómez de Mora. La mesure de la pression barométrique, un jour d'avril, dans le centre de Madrid, sera utile aux météorologues. La découverte par Humboldt que la circonférence du cactus de Cumaná *(Tuna macho)* pouvait atteindre 1,54 mètre allait intéresser les botanistes de toute l'Europe, qui n'avaient pas soupçonné que les cactus pouvaient devenir aussi gros.

Et avec l'utilité vient un public (approbateur). Lorsque Humboldt revint en Europe avec ses découvertes en août 1804, il fut assailli et fêté par les personnes intéressées. Six semaines après son arrivée à Paris, il donna sa première conférence devant une salle comble à l'Institut. Il parla de la température de la mer sur les côtes atlantique et pacifique de l'Amérique du Sud et des quinze espèces différentes de singes dans les forêts. Il ouvrit vingt caisses de spécimens fossiles et minéraux et beaucoup de gens se pressèrent autour de l'estrade pour les voir. Le Bureau des longitudes lui demanda une copie de ses relevés astronomiques, l'Observatoire de ses mesures barométriques. Il fut invité à dîner par Chateaubriand et Mme de Staël et admis dans la Société d'Auteuil, qui rassemblait des savants tels que Laplace, Berthollet et Gay-Lussac. En Grande-Bretagne, son œuvre fut lue par Charles Lyell et Joseph Hooker. Charles Darwin en apprit par cœur de larges extraits.

La curiosité de Humboldt, tandis qu'il faisait le tour d'un cactus ou plongeait son thermomètre dans l'Amazone, avait dû être guidée par une conscience de l'intérêt d'autrui – et soutenue par elle dans les inévitables moments où la lassitude menaçait de l'envahir. C'était une chance pour lui que presque toutes les données existantes sur l'Amérique du Sud fussent fausses ou contestables. Lorsqu'il arriva à La Havane, en novembre 1800, il découvrit que même cette très importante base stratégique pour la marine espagnole n'avait pas été placée correctement sur la carte. Il sortit ses instruments de mesure et détermina sa situation géographique exacte. Un amiral espagnol reconnaissant l'invita à dîner.

6.
Assis dans un café de la Plaza Provincia, je reconnus l'impossibilité de nouvelles découvertes factuelles. Mon guide de voyage confirmait la chose en m'apprenant que :

La vaste façade néoclassique de l'église San Francisco el Grande est l'œuvre de Sabatini, mais l'édifice lui-même, de plan circulaire avec six chapelles radiales et un grand dôme de 33 mètres de diamètre, est dû à Francisco Cabezas.

Tout ce que j'apprendrais allait devoir se justifier par un bénéfice personnel plutôt que par l'intérêt d'autrui. Mes découvertes allaient devoir me stimuler : elles allaient devoir s'avérer, d'une façon ou d'une autre, « enrichissantes ».

Le mot était de Nietzsche. Durant l'automne 1873, Friedrich Nietzsche écrivit un essai dans lequel il faisait la distinction entre recueillir des faits comme un explorateur ou un universitaire, et utiliser des faits déjà bien connus dans un souci d'enrichissement spirituel. Curieusement pour un professeur d'université, il dénigrait la première de ces activités et faisait l'éloge de la seconde. Intitulant son essai *De l'utilité et des inconvénients des études historiques pour la vie*, il commença par l'extraordinaire assertion selon laquelle il était vain de recueillir des faits d'une manière quasi scientifique. Le vrai défi était d'utiliser les faits pour enrichir « la vie ». Il citait cette phrase de Goethe : « Du reste je déteste tout ce qui ne fait que m'instruire, sans augmenter mon activité ou l'animer directement. »

Que voudrait donc dire chercher dans ses voyages un savoir utile « pour la vie » ? Nietzsche faisait des suggestions dans ce sens. Il imaginait une personne déprimée par l'état de la culture allemande et par ce qu'on faisait pour l'améliorer, allant dans une ville italienne, Sienne ou Florence, et y découvrant que le phénomène connu sous le nom de « Renaissance italienne » n'était dû qu'à une poignée d'Italiens, qui avec de la chance, de la persévérance et les protecteurs qu'il fallait, avaient pu modifier la mentalité et les valeurs d'une société tout entière. Ce touriste apprendrait à chercher dans d'autres cultures « ce qui fut jadis capable d'élargir la conception de l'"homme" et de réaliser cette conception avec plus de beauté ». « Il en naît toujours quelques-uns qui, regardant la grandeur passée, fortifiés par cette contemplation, sont emplis du sentiment que la vie est une chose merveilleuse. »

Nietzsche préconisait ainsi une autre forme de tourisme, dans laquelle nous apprenons comment nos sociétés et nos identités ont été forgées par le passé et acquérons de la sorte un sentiment de continuité et d'appartenance. Celui qui pratique ce genre de tourisme « regarde par-delà la vie individuelle, périssable et singulière, et se sent lui-même l'âme du foyer, de la race et de la cité ». Il peut contempler les vieux édifices et éprouver « le bonheur de savoir que l'on n'est pas né de l'arbitraire et du hasard, mais sorti d'un passé – héritier, fleur et fruit –, ce qui excuse et justifie même l'existence ».

Dans cette optique, le bénéfice à retirer de la contemplation d'un vieil édifice pourrait bien n'être rien de plus, mais rien de moins que l'idée que « les styles architecturaux sont plus souples qu'ils ne le semblent, comme le sont les usages auxquels les édifices sont destinés ». Nous pouvons regarder le Palacio de Santa Cruz (« *construit entre 1629 et 1643, ce palais est un des joyaux de l'architecture de l'époque des Habsbourg* ») et penser : « Si c'était possible alors, pourquoi quelque chose de semblable ne le serait-il pas maintenant ? » Plutôt qu'avec 1 600 nouvelles espèces végétales, nous pouvons revenir de nos voyages avec une collection de petites réflexions non applaudies, mais enrichissantes.

7.
Il y avait un autre problème : ceux qui avaient exploré cet endroit avant moi et découvert les faits avaient du même coup établi des distinctions entre ce qui était important et ce qui ne l'était pas, distinctions qui s'étaient figées au fil du temps en des vérités presque immuables sur ce qui avait ou non de la valeur à Madrid. Ainsi la Plaza de la Villa avait une étoile dans mon guide, le Palais royal deux, le couvent des Descalzas Reales trois, et la Plaza de Oriente aucune.

Ces distinctions n'étaient pas forcément fausses, mais leur effet était pernicieux. Là où les guides faisaient l'éloge d'un site, ils incitaient fortement le visiteur à éprouver le même enthousiasme éclairé, là où ils restaient muets, le plaisir ou l'intérêt semblaient injustifiés. Bien avant d'entrer dans le couvent des Descalzas (trois étoiles), je connaissais l'enthousiasme officiel avec lequel mes propres sentiments allaient devoir s'accorder : « *Le plus beau couvent d'Espagne. Un magnifique escalier décoré de fresques mène à la galerie supérieure du cloître, où les chapelles rivalisent de somptuosité.* » Le guide aurait pu ajouter : « *et où il y a sûrement quelque chose d'anormal chez le visiteur qui n'est pas d'accord avec ça.* »

Humboldt n'eut pas à subir ce genre d'intimidation. Peu d'Européens avaient traversé les régions qu'il parcourait, et cela lui laissait une grande liberté d'esprit. Il pouvait s'intéresser sans complexe à ce qu'il voulait. Il pouvait créer ses propres hiérarchies de valeur sans se conformer à celles des autres ou se rebeller délibérément contre elles. Quand il arriva à la mission de San Fernando, sur le rio Negro, il eut la liberté de penser que tout y serait intéressant, ou peut-être rien. L'aiguille aimantée de sa curiosité s'orienta selon son propre nord magnétique et par conséquent, sans surprise pour les lecteurs de son *Voyage*, vers les végétaux du coin. « À San Fernando nous fûmes très impressionnés par l'arbre *pihiguado* ou *pirijao*, qui donne au paysage son aspect singulier. Hérissé d'épines, son tronc atteint plus de soixante pieds de haut », nota-t-il en tête de la liste de ce qui était intéressant à San Fernando. Puis il mesura la température (caniculaire), et nota que les missionnaires vivaient dans de jolies maisons aux murs couverts de lianes et entourées de jardins.

J'essayai d'imaginer un guide sans complexe de Madrid, d'imaginer comment j'aurais pu classer ses curiosités selon un degré d'intérêt subjectif. J'aurais attribué trois étoiles à la sous-représentation des légumes dans la cuisine espagnole (lors du dernier vrai repas que j'avais fait, seules quelques asperges, molles et blanchâtres, qui sortaient visiblement d'une boîte de conserve, étaient apparues entre divers plats de viande) et aux longs et nobles patronymes des citoyens ordi-

Esmeralda sur l'Orénoque, gravure de Paul Gauci
d'après une lithographie de Charles Bentley

naires (la secrétaire chargée d'organiser le colloque avait toute une série de noms reliés par des *de* et des *a*, un patronyme à rallonge qui évoquait un château ancestral, de fidèles serviteurs, un vieux puits et des armoiries, et contrastait avec la réalité de son existence : une Seat Ibiza poussiéreuse et un studio près de l'aéroport). J'étais aussi intéressé par la petitesse des pieds masculins et par l'attitude envers l'architecture moderne que trahissaient la plupart des quartiers les plus récents de la ville : il semblait moins important qu'un bâtiment fût attrayant qu'il fût manifestement moderne, même si cela impliquait le choix d'une affreuse façade en bronze (comme si la modernité était un bien depuis longtemps désiré dont on avait besoin à haute dose pour compenser des périodes antérieures plus statiques). Tout cela eût figuré sur ma liste subjective de choses intéressantes à Madrid si l'aiguille aimantée de ma curiosité avait pu s'orienter selon sa propre logique, plutôt que d'être déviée par la force magnétique étonnamment puissante d'un petit livre vert intitulé *Guide Michelin des rues de Madrid*, qui faisait pointer résolument ladite aiguille, entre autres, vers un escalier brunâtre dans les couloirs sonores du couvent des Descalzas Reales.

8.
En juin 1802, Humboldt fit l'ascension de ce qu'on pensait être alors le plus haut sommet du monde, le volcan Chimborazo, dans les Andes péruviennes, culminant à 6 267 mètres au-dessus du niveau de la mer. « Nous étions constamment dans les nuages, écrivit-il. En de nombreux endroits, la corniche où nous avancions n'avait pas plus de huit ou dix pouces de large. À gauche il y avait un escarpement couvert de neige, dont la croûte gelée scintillait comme du verre ;

à droite, un effrayant précipice de 800 à 1 000 pieds avec d'énormes masses rocheuses en saillie... » En dépit du danger, il trouva le temps de remarquer des choses qui auraient échappé à la plupart des simples mortels : « Nous vîmes quelques lichens de roche au-dessus de la ligne des neiges, à une altitude de 16 920 pieds, et les dernières mousses vertes environ 2 600 pieds plus bas. M. Bonpland [son compagnon de voyage] attrapa un papillon à une altitude de 15 000 pieds, et une mouche fut aperçue 1 600 pieds plus haut... »

Comment en vient-on à s'intéresser à l'altitude exacte à laquelle on peut encore voir une mouche, ou à un peu de mousse poussant sur une corniche volcanique de dix pouces de large ? Une telle curiosité n'a rien de spontané ; celle de Humboldt avait une longue histoire. La mouche et la mousse attiraient son attention parce qu'elles avaient un rapport avec des questions antérieures plus vastes et – pour le profane – plus compréhensibles.

On pourrait se représenter la curiosité sous la forme d'un enchaînement de petites questions s'étendant, parfois sur d'énormes distances, à partir d'un noyau central composé de quelques grandes questions générales. Dans l'enfance nous demandons : « Pourquoi y a-t-il le bien et le mal ? » « Comment fonctionne la nature ? » « Pourquoi suis-je moi ? » Si les circonstances et notre tempérament le permettent, nous creusons ces questions à l'âge adulte, notre curiosité englobe de plus en plus de choses, jusqu'à ce que nous puissions atteindre cet état difficilement accessible où rien ne nous ennuie. Les grandes questions générales deviennent reliées à d'autres, plus petites et apparemment ésotériques. Nous finissons par nous intéresser à une mouche sur le flanc d'un volcan ou à une certaine fresque sur le mur d'un

E. G. Weitsch, *Alexander von Humboldt et Aimé Bonpland au pied du Chimborazo*

palais du XVIe siècle. Nous commençons à nous passionner pour la politique étrangère d'un monarque ibérique depuis longtemps disparu ou pour le rôle de la tourbe pendant la guerre de Trente Ans.

On peut faire remonter l'enchaînement de questions qui amena Humboldt à s'intéresser à une mouche sur cette étroite corniche du Chimborazo en juin 1802 à sa septième année, à l'époque où, petit garçon vivant à Berlin, il avait rendu visite à des parents dans une autre région de l'Allemagne et s'était demandé : « Pourquoi les mêmes choses ne poussent-elles pas partout ? » Pourquoi y avait-il des arbres près de Berlin qui ne poussaient pas en Bavière et vice versa ? On encouragea sa curiosité, on lui donna toutes sortes de livres sur la nature, un microscope et des professeurs qui s'y entendaient en botanique. On le surnomma « le petit chimiste » dans la famille, et sa mère fixa ses dessins de plantes au mur de son cabinet de lecture. Lorsque, des années plus tard, il partit pour l'Amérique du Sud, il tentait de formuler des lois sur la façon dont la flore et la faune sont conditionnées par le climat et la géographie. La curiosité de ses sept ans était encore bien vivante en lui, mais elle s'exprimait à travers des questions plus pointues telles que : « Les fougères sont-elles affectées par une exposition au nord ? » ou : « Jusqu'à quelle altitude un palmier peut-il survivre ? »

Quand il revint au camp de base au pied du Chimborazo, il se lava les pieds, fit une courte sieste et se mit presque immédiatement à écrire son *Essai sur la géographie des plantes*, dans lequel il décrivait la répartition de la végétation à différentes altitudes et températures. Il distinguait six zones d'altitude : du niveau de la mer à environ 3 000 pieds poussaient des végétaux du genre palmier et *pisang* ; jusqu'à 4 900 pieds il y avait des fougères et jusqu'à 9 200 pieds des chênes ; puis venaient les arbustes à feuilles persistantes *(wintera, escallonia)* et enfin, aux plus hauts niveaux, deux zones alpines : entre 10 150 et 12 600 pieds poussaient des herbacées, et entre 12 600 et 14 200 pieds des herbes alpines et des lichens. Il était peu probable, nota-t-il, tout excité par sa découverte, qu'on trouve des mouches au-dessus de 16 600 pieds.

9.
L'excitation de Humboldt témoigne de l'importance d'avoir les bonnes questions à poser au monde. Cela peut faire toute la différence entre être irrité par une mouche et regagner en hâte le camp de base pour commencer à rédiger un *Essai sur la géographie des plantes.*

Hélas pour le voyageur, la plupart des objets ne se présentent pas avec la question qui générera l'excitation qu'ils méritent. Ils se présentent généralement sans rien du tout, ou s'il y a quelque chose, cela a tendance à ne pas être ce qu'il faudrait. Il y avait beaucoup de choses dans mon guide sur l'église San Francisco et Grande, qui se dressait au bout de la longue Carrera de San Francisco – mais cela ne m'aidait guère à être curieux envers elle.

Les murs et les plafonds de l'église sont ornés de fresques et de peintures exécutées au XIXe siècle, à l'exception de celles des chapelles Saint-Antoine et Saint-Bernardin qui datent du XVIIIe. Dans la chapelle Saint-Bernardin, la première côté nord, on remarque au centre du mur une Prédication de saint Bernardin de Sienne devant le roi d'Aragon *(1781), peinte par Goya jeune. Les stalles du XVIe siècle dans la sacristie et la salle capitulaire proviennent de la chartreuse d'El Paular, près de Segovia.*

HAUTEURS MESURÉES DE DIFFÉRENTS POINTS DU GLOBE	DÉSIGNATION des Plantes la hauteur des Cultures	CULTURE DES UNS CINES dans l'échelle au-dessus du Niveau de la Mer	HAUTEUR DES NEIGES de la Ligne à chaque Latitude	ASPECT du Ciel comparé au degré de transparence	point où commence la Dissolution de l'Air Limite de la Végétation	PRESSION de l'Air correspondante aux Hauteurs indiquées	ÉCHELLE DES TOISES

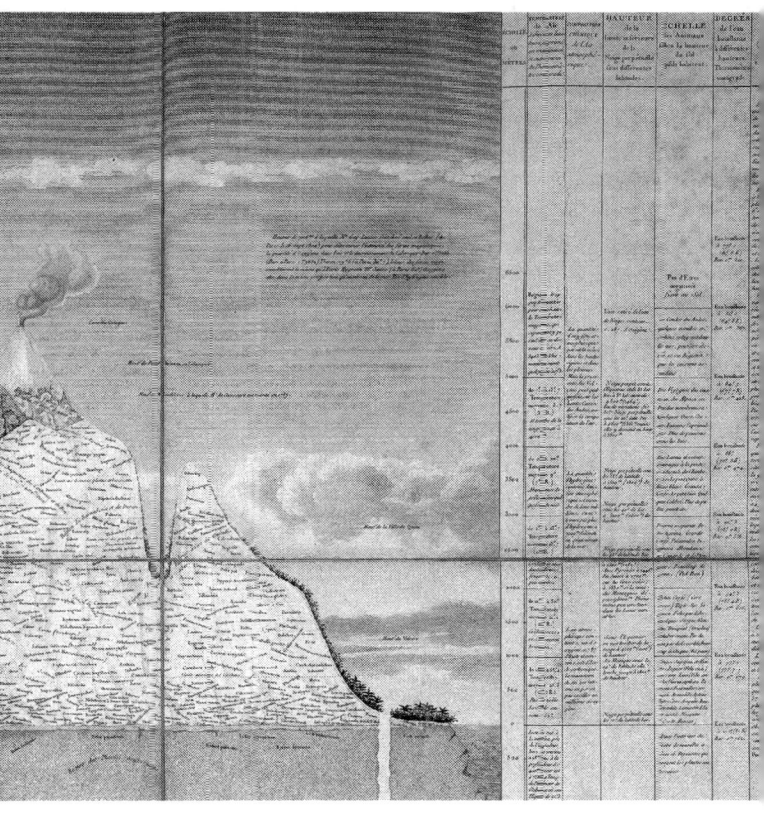

Géographie des plantes équinoxiales, dans *Tableau physique des Andes et Pays voisins* (1799-1803) d'Alexander von Humboldt et Aimé Bonpland

Ces renseignements ne disaient rien de la façon dont ma curiosité pourrait être éveillée. Ils étaient aussi muets à cet égard que la mouche sur la montagne de Humboldt. Pour qu'un voyageur se sente personnellement concerné par « *les murs et les plafonds... ornés de fresques et de peintures du XIXe siècle* » (plutôt que docilement admiratif, sous peine de se sentir coupable, envers eux), il faudrait qu'il puisse relier ces faits – aussi ennuyeux qu'une mouche – à une des grandes questions générales dont doit naître la vraie curiosité.

Pour Humboldt, la question avait été : « Pourquoi y a-t-il des variations régionales dans la nature ? » Pour celui qui se tient devant l'Iglesia de San Francisco et Grande, elle pourrait être : « Pourquoi les gens ont-ils éprouvé le besoin de construire des églises ? », voire : « Pourquoi vénérons-nous Dieu ? » D'un point de départ aussi naïf pourrait naître une curiosité durable impliquant toute une série de questions telles que : « Pourquoi les églises sont-elles différentes en différents lieux ? », « Quels ont été les principaux styles d'architecture religieuse ? » et « Qui furent les principaux architectes et pourquoi ont-ils réussi ce qu'ils ont fait ? » Ce n'est qu'à travers ce lent processus qu'un voyageur peut avoir une chance d'apprendre que la vaste façade néoclassique de ladite église est due à Sabatini avec autre chose que de l'ennui ou du désespoir.

Un des risques du voyage est que nous découvrons les choses au mauvais moment, avant que nous ayons pu acquérir la réceptivité nécessaire et donc lorsque les renseignements que nous lisons ou entendons sont aussi inutiles et vite délaissés que des perles de collier sans fil.

Église San Francisco el Grande

Risque aggravé par la géographie : les villes contiennent des édifices ou des monuments qui ne sont qu'à quelques mètres les uns des autres, mais à des lieues en termes de connaissances et qualités requises pour être appréciés. Étant allé dans un endroit qu'on ne revisitera peut-être jamais, on se sent tenu d'admirer une série de choses sans autre rapport entre elles que géographique, dont une vraie compréhension nécessiterait des qualités qu'on trouverait difficilement réunies dans la même personne. On nous demande d'être curieux d'architecture gothique dans une rue, et aussitôt après d'archéologie étrusque dans la suivante.

Celui qui visite Madrid est prié de s'intéresser à la fois au Palacio Real, une résidence royale du XVIIIe siècle célèbre pour ses salles ornées d'abondantes chinoiseries rococo dues au décorateur napolitain Gasparini, et, quelques instants plus tard, au Centro de Arte Reina Sofia, un musée blanchi à la chaux consacré à l'art du XXe siècle, dont la pièce maîtresse est le *Guernica* de Picasso. Pourtant la chose la plus naturelle à faire, pour qui voudrait approfondir sa connaissance de l'architecture royale du XVIIIe siècle, serait d'oublier le musée et d'aller plutôt voir les palais de Prague et de Saint-Pétersbourg.

Le voyage soumet notre curiosité à une logique géographique superficielle, une logique aussi curieuse que si le responsable d'un cours universitaire prescrivait des ouvrages en fonction de leur taille plutôt que de leur contenu.

10.
Vers la fin de sa vie, longtemps après ses aventures sud-américaines, Humboldt grommela avec un mélange d'apitoiement sur lui-même et de fierté : « On dit souvent en société que je m'occupe de trop de choses à la

fois, de botanique, d'astronomie, d'anatomie comparée. Mais peut-on interdire à l'homme d'avoir le désir de savoir, d'embrasser tout ce qui l'environne ? »

On n'eût bien sûr pas pu le lui interdire – une tape sur l'épaule eût semblé plus appropriée. Mais peut-être l'admiration pour son voyage n'empêche-t-elle pas une certaine compassion pour ceux qui, dans des villes fascinantes, ont parfois ressenti un vif désir de rester au lit et de rentrer chez eux sans tarder.

PAYSAGES

V

DE LA CAMPAGNE ET DE LA VILLE

Lieux	 *La région des Lacs*
Guide	*William Wordsworth* 

1.
Nous quittâmes Londres par un train de l'après-midi. Nous nous étions donné rendez-vous, M. et moi, sous le tableau des départs de la gare d'Euston. Tandis que je regardais la foule se déverser des escaliers mécaniques dans le hall, il me semblait miraculeux que je pusse la retrouver parmi tant de monde – et révélateur des étranges particularités du désir que ce fût justement elle que j'avais besoin de retrouver.

Nous roulâmes vers le nord et au crépuscule nous pûmes encore distinguer vaguement la campagne environnante, mais bientôt tout ce que nous pûmes voir, ce fut nos visages reflétés dans les vitres transformées en sombres miroirs. Un peu après Stoke-on-Trent, j'allai à la voiture-bar, ressentant une nouvelle fois, en traversant une série de wagons dont les oscillations me faisaient tituber comme un homme ivre, l'excitation particulière causée par la perspective de manger quelque chose de chaud dans un train en mouvement. Le minuteur du four à micro-ondes émit un fort bruit mécanique, comme un détonateur dans un vieux film de guerre, puis une sonnerie délicate pour annoncer qu'il en avait fini avec mon hot dog – juste au moment où nous franchissions un passage à niveau au-delà duquel je pus distinguer les silhouettes d'un groupe de vaches.

Nous arrivâmes à Oxenholme (« *The Lake District* », précisaient les panneaux de la gare) un peu avant neuf heures du soir. Seules quelques autres personnes descendirent, et nous longeâmes le quai en silence ; notre haleine se condensait en vapeur dans la fraîcheur nocturne. Nous voyions les passagers somnoler ou lire dans le train. Pour eux la région des Lacs n'était qu'un arrêt parmi bien d'autres, où ils lèveraient un instant les yeux de leur livre et verraient les pots en béton disposés symétriquement le long du quai, regarderaient l'horloge de la gare et bâilleraient peut-être sans retenue – avant que le train de Glasgow ne s'enfonce de nouveau dans l'obscurité et qu'ils ne continuent leur lecture.

La gare était déserte, mais il n'en avait certainement pas toujours été ainsi, car de nombreux panneaux comportaient des indications en japonais. Nous avions téléphoné de Londres pour louer une voiture et la trouvâmes au bout d'une aire de stationnement, sous un lampadaire. L'agence de location était à court de petits modèles et nous avait fourni une grande berline familiale couleur bordeaux, qui avait une odeur entêtante de voiture neuve et un tapis gris immaculé sur lequel des marques d'aspirateur étaient encore visibles.

2.
Les motifs immédiats de notre voyage étaient personnels ; mais on aurait aussi pu dire qu'ils participaient d'un phénomène historique remontant à la seconde moitié du XVIIIe siècle, époque à laquelle les citadins, pour la première fois, commencèrent à aller en grand nombre à la campagne pour tenter d'y retrouver la santé corporelle, et surtout l'harmonie spirituelle dont ils avaient besoin. En 1700, dix-sept pour cent de la population de l'Angleterre et du pays de Galles vivaient dans une ville, en 1850 cinquante, en 1900 soixante-quinze.

Nous prîmes la direction du village de Troutbeck, situé à quelques miles au nord du lac Windermere. Nous avions réservé une chambre dans une auberge qui avait pour nom *The Mortal Man*. On y avait poussé l'un contre l'autre deux lits étroits aux couvertures tachées. Le patron nous montra la salle de bains, nous mit en garde contre le coût élevé des appels téléphoniques qu'il nous soupçonnait (à cause de nos vêtements et de notre attitude hésitante à la réception) de ne pas pouvoir payer et, se retirant, nous promit trois jours de beau temps et nous souhaita la bienvenue dans la région des Lacs.

Nous essayâmes la télévision et trouvâmes des actualités nationales, mais au bout d'un moment nous l'éteignîmes et ouvrîmes la fenêtre. Une chouette hululait dehors – et nous songeâmes à son étrange existence, là-bas dans la nuit par ailleurs silencieuse.

J'étais venu là en partie à cause d'un poète. Ce soir-là, dans la chambre d'auberge, je lus une autre section du *Prélude* de Wordsworth. La couverture du livre de poche était illustrée d'un portrait peint par Benjamin Haydon, représentant un Wordsworth sévère et âgé. M. le traita de vieux crapaud et alla prendre un bain, mais plus tard, s'appliquant une crème sur le visage devant la fenêtre, elle récita plusieurs vers d'un poème de lui dont elle avait oublié le titre, mais qui, dit-elle, l'avait peut-être plus émue que tout ce qu'elle avait lu :

Bien que la beauté jadis si radieuse
Soit à jamais dérobée à ma vue,
Bien que rien ne puisse ramener l'heure
De gloire et de splendeur dans l'herbe et la fleur,
Nous ne pleurerons point, mais trouverons plutôt
De la force en ce qui nous demeure.

Nous nous couchâmes et j'essayai de lire encore un peu, mais j'eus du mal à me concentrer après que j'eus trouvé un long cheveu blond accroché au dosseret, cheveu qui n'appartenait ni à M. ni à moi et évoquait les nombreuses personnes qui avaient séjourné au *Mortal Man* avant nous, dont l'une était peut-être maintenant sur un autre continent, guère consciente d'avoir laissé là une partie d'elle-même. Nous sombrâmes dans un sommeil agité, au son des hululements de la chouette.

3.
William Wordsworth est né en 1770 dans la petite localité de Cockermouth, dans le nord de la région des Lacs. Il passa, selon ses propres termes, « la moitié de [son] enfance à courir librement dans les collines » et, à part de brefs séjours à Londres et Cambridge et quelques voyages en Europe, vécut toute sa vie dans la région des Lacs : d'abord dans une modeste maison en pierre, *Dove Cottage*, dans le village de Grasmere, puis, quand sa renommée s'accrut, dans une maison plus importante près de Rydal.

Et presque chaque jour il allait faire une longue promenade dans les collines ou le long des lacs. Il n'était pas gêné par la pluie qui, reconnaissait-il, avait tendance à tomber dans la région « avec une vigueur et une persévérance qui peuvent rappeler au voyageur déçu ces déluges qui s'abattent chaque année sur les montagnes d'Abyssinie pour alimenter le Nil ». Une de ses connaissances, Thomas De Quincey, estimait qu'il avait parcouru à pied de 175 à 180 000 miles au cours de sa vie – un fait d'autant plus remarquable, ajoutait De Quincey, que le poète n'avait pas un physique d'athlète. « Car Wordsworth n'était pas, dans l'ensemble, un homme bien bâti. Ses jambes étaient fort critiquées par toutes les femmes expertes en jambes que j'ai entendues discourir sur le sujet. » Et fâcheusement, continuait De Quincey, « l'effet général produit par sa personne était toujours pire en mouvement, car, ainsi que j'ai souvent entendu des gens de la campagne en faire la remarque, "il marchait comme un *cade*" – un *cade* étant une sorte d'insecte qui avance en biais ».

Ce fut au cours de ses promenades cadesques que Wordsworth trouva l'inspiration de beaucoup de ses poèmes, dont *À un papillon*, *Au coucou*, *À une alouette*, *À la pâquerette* et *À la petite chélidoine* – poèmes sur des phénomènes naturels que les poètes avaient considérés jusque-là de manière fortuite ou rituelle, mais qu'il jugeait maintenant être les sujets les plus nobles de son art. Le 16 mars 1802 (d'après le journal de sa sœur Dorothy, qui y consignait tous les déplacements de son frère dans la région des Lacs), il s'arrêta sur un pont à Brother's Water, un lac placide proche de Patterdale, et s'y assit pour écrire les vers suivants :

> *Le coq chante,*
> *Le ruisseau coule,*
> *Les petits oiseaux gazouillent,*
> *Le lac scintille [...]*
> *Il y a de la joie dans les collines,*
> *Et de la vie dans les fontaines ;*
> *De petits nuages voguent*
> *Dans le bleu immense du ciel.*

Quelques semaines plus tard, le poète exprima l'émotion suscitée par la beauté d'un nid de moineau en écrivant :

> *Voyez, cinq œufs bleus luisent là !*
> *Peu de choses m'ont paru aussi belles,*

> *Et peu de promesses de bonheur*
> *Plus douces que ce simple spectacle !*

Un besoin d'exprimer sa joie qu'il éprouva de nouveau quelques étés plus tard en entendant le chant d'un rossignol :

> *Ô rossignol ! tu es assurément*
> *Une créature au cœur ardent –*
> *Tu chantes comme si le dieu Bacchus*
> *T'avait fait boire à ta Muse.*

Ce n'étaient pas là des expressions fortuites de plaisir. Il y avait derrière elles une philosophie de la nature mûrement réfléchie, qui, inspirant toute son œuvre, énonçait une idée originale, et destinée à avoir une influence énorme dans l'histoire de la pensée occidentale, sur ce dont nous avons besoin pour être heureux et les causes de notre mal-être. Le poète affirmait que la nature, c'est-à-dire dans son esprit, entre autres éléments, les oiseaux, les ruisseaux, les jonquilles et les moutons, constituait un remède indispensable aux dégâts psychologiques infligés par la vie urbaine.

Ce message se heurta à une vive résistance initiale. Lord Byron, faisant la critique des *Poèmes en deux volumes* en 1807, s'avoua stupéfait qu'un homme adulte pût parler ainsi de fleurs et de petits oiseaux. « Que pensera tout lecteur ayant passé l'âge de la nursery de telles niaiseries [...] une imitation de ces chansonnettes qui calmaient nos pleurs au berceau ? » L'*Edinburgh Review* renchérit en traitant la poésie de Wordsworth de « puérile absurdité », et se demanda si ce n'était pas une tentative délibérée de l'auteur pour se ridiculiser. « Il est possible que la vue d'une pelle de jardin ou d'un nid de moineau ait déclenché en lui une série de puissantes impressions [...] mais il est certain que de telles évocations paraîtront toujours forcées et artificielles à la plupart d'entre nous. Le monde entier rit des *Élégies à un cochon de lait*, d'*Un hymne au jour de lessive*, des *Sonnets à sa grand-mère* ou des *Odes pindariques sur la tourte à la groseille*, mais il ne semble pas facile d'en convaincre Mr Wordsworth. »

Des parodies de ses poèmes commencèrent à paraître dans les revues littéraires :

> *Quand je vois un nuage,*
> *Je pense la belle image,*
> *Et comme c'est joli*
> *De voir le ciel ainsi !*

disait l'une d'elles.

> *Est-ce un rouge-gorge que j'ai vu là ?*
> *Était-ce un pigeon ou bien un choucas ?*

disait une autre.

Cela ne troublait pas Wordsworth. « Ne vous inquiétez point de l'accueil qu'on fait actuellement à ces poèmes, conseilla-t-il à lady Beaumont, qu'importe cela à côté de ce que j'espère être leur destinée : consoler les affligés, ajouter du soleil à la lumière du jour en rendant les gens heureux plus heureux encore, apprendre aux jeunes et aux bonnes personnes de tout âge à voir, penser et sentir, et devenir ainsi plus activement et sûrement vertueux ; c'est leur office, que j'espère ils rempliront fidèlement bien longtemps après que l'on (c'est-à-dire, tout ce qui est mortel en nous) sera redevenu poussière. »

Il ne se trompait que sur le temps que cela prendrait.

« Jusqu'en 1820 le nom de Wordsworth fut foulé aux pieds, expliqua De Quincey en 1835, de 1820 à 1830 il fut militant, et depuis il est triomphant. » Le goût du public se modifia lentement mais radicalement. Les lecteurs cessèrent peu à peu de s'esclaffer et apprirent à aimer cette œuvre et même à réciter des odes aux papillons et des sonnets sur la chélidoine. La poésie de Wordsworth attira des touristes vers les lieux qui l'avaient inspirée. De nouveaux hôtels s'ouvrirent à Windermere, Rydal et Glasmere. En 1845, on estima qu'il y avait plus de touristes dans la région des Lacs que de moutons. Ils aimaient apercevoir la créature cadesque dans son jardin à Rydal, et cherchaient dans les collines et au bord des lacs les sites dont il avait décrit le charme dans ses vers. Après la mort de Southey, en 1843, Wordsworth fut nommé poète lauréat. Un groupe d'admirateurs londoniens conçut le projet de rebaptiser la région des Lacs « Wordsworthshire ».

Lorsqu'il mourut, à l'âge de quatre-vingts ans, en 1850 (date à laquelle la moitié de la population anglaise et galloise était urbaine), les esprits sérieux semblaient presque unanimement enclins à penser comme lui que la fréquentation régulière de la nature était un antidote nécessaire aux maux de la ville.

4.

Une partie de ses griefs contre la ville concernait la pollution, le surpeuplement, la pauvreté et la laideur des cités, mais des mesures pour purifier l'air et supprimer les taudis n'auraient pas suffi à mettre fin à ses critiques. Car c'était l'effet des villes sur nos âmes, plutôt que sur notre santé, qui le préoccupait.

Le poète accusait la ville d'engendrer toutes sortes de sentiments destructeurs : anxiété au sujet de notre position dans la hiérarchie sociale, envie à l'égard du

succès d'autrui, orgueil et désir de briller aux yeux d'inconnus. Il pensait que les citadins n'avaient aucune liberté d'esprit, qu'ils étaient les esclaves de ce qui se disait dans les rues ou à la table du dîner. Si bien pourvus qu'ils fussent, ils désiraient sans cesse de nouvelles choses, dont ils n'avaient pas vraiment besoin et dont leur bonheur ne dépendait pas. Et dans ces lieux pleins de gens anxieux, il semblait plus difficile de nouer des relations sincères avec les autres que dans une ferme isolée. « Ce que j'avais du mal à comprendre, écrivit-il au sujet de son séjour à Londres, c'était que des voisins pussent vivre ainsi sans se connaître, même de nom. »

C'est affligé de quelques-uns de ces maux que, plusieurs mois avant mon voyage dans la région des Lacs, j'avais quitté une réception donnée dans le centre de Londres – ce « monde turbulent/d'êtres et de choses » *(Prélude)*. En m'éloignant du lieu où elle se tenait, envieux et soucieux de ma position sociale, j'avais trouvé un réconfort inattendu dans la contemplation d'un vaste objet dans le ciel que, malgré l'obscurité, j'avais tenté de photographier avec un appareil de poche – et qui me faisait comprendre comme je l'avais rarement compris jusque-là le pouvoir rédempteur des forces naturelles que célébraient tant de poèmes de Wordsworth.

Le nuage n'était que depuis quelques instants au-dessus de cette partie de la ville, et avec le fort vent d'ouest qui soufflait ce jour-là, il n'était pas destiné à y rester longtemps. Les lumières des bureaux environnants donnaient à ses contours une teinte fluorescente orangée presque frivole, le faisant ressembler à un grave vieillard orné de cotillons, mais son centre gris foncé témoignait de ses origines dans la lente interaction de l'air et de la mer. Bientôt il serait au-dessus des champs de l'Essex, puis des marais et des raffineries, avant de survoler les vagues rebelles de la mer du Nord.

    Gardant les yeux fixés sur l'apparition tandis que je me dirigeais vers l'arrêt de bus, je sentis mes anxiétés s'apaiser, et songeai aux mots que le poète cadesque avait jadis écrits en l'honneur d'une vallée galloise :

[La Nature] *peut si bien imprégner notre âme*
De calme et de beauté, et lui inspirer tant.
De pensées élevées, que jamais les mauvaises langues,
Les jugements hâtifs, les railleries des égoïstes,
Les compliments dénués de bienveillance, ni tous
Les mornes entretiens de la vie quotidienne
Ne nous accableront, ni ne viendront troubler
Notre joyeuse foi en la grâce adorable
De ce que nous contemplons.

       (Vers composés à quelques miles en amont de Tintern Abbey.)

5.
Durant l'été 1798, Wordsworth et sa sœur allèrent en vacances au pays de Galles et parcoururent à pied la vallée de la Wye, où William eut une brusque révélation sur le pouvoir de la Nature, dont l'écho allait se répercuter dans toute sa poésie jusqu'à la fin de ses jours. C'était la deuxième fois qu'il venait là ; il avait déjà marché le long de cette vallée cinq ans plus tôt, et entre-temps il avait vécu des moments difficiles. Il avait séjourné à Londres, une ville qu'il redoutait, il avait modifié ses opinions politiques en lisant Godwin, son amitié avec Coleridge avait transformé l'idée qu'il se faisait de la mission du poète et il avait voyagé dans une France révolutionnaire ravagée par la Terreur de Robespierre.

    Revenu sur les bords de la Wye, il monta sur une

hauteur, s'assit sous un sycomore et contempla la vallée et sa rivière, ses escarpements, ses haies et ses bois – qui lui inspirèrent ce qui est peut-être son plus beau poème. En tout cas, « aucun de mes poèmes ne fut composé dans des circonstances plus douces à mon souvenir que celui-ci », expliqua-t-il plus tard à propos des *Vers composés à quelques miles en amont de Tintern Abbey*, poème sous-titré *En revoyant les bords de la Wye au cours d'une excursion, le 13 juillet 1798*, une ode au pouvoir régénérateur de la Nature.

> *Toutes ces beautés*
> *N'ont pas été pour moi durant ma longue absence*
> *Comme l'est un paysage aux yeux d'un aveugle :*
> *Car souvent, dans des chambres solitaires*
> *Et le vacarme des villes, je leur ai dû,*
> *Aux heures de lassitude, de douces sensations [...]*
> *Et un tranquille réconfort.*

L'opposition entre la ville et la campagne constituait le thème central du poème, la seconde étant invoquée à maintes reprises comme antidote à l'influence pernicieuse de la première :

> *... que de fois,*
> *Dans la nuit ou parmi les nombreuses formes*
> *D'un jour sans joie, quand la vaine*
> *Agitation et la fièvre du monde*
> *Ont oppressé mon cœur,*
> *Que de fois ai-je songé à toi,*
> *Ô sylvestre Wye ! qui erres dans les bois,*
> *Que de fois mon âme s'est tournée vers toi !*

Une expression de gratitude qui allait se renouveler dans le *Prélude*, où le poète reconnut une fois de plus sa dette envers la Nature, qui lui avait permis de résider dans des villes sans succomber aux vils sentiments qu'elles engendraient habituellement :

> *Si, mêlé au tumulte du monde, je me contente*
> *De mes modestes plaisirs, et si j'ai vécu*
> *[...] à l'écart*
> *Des petites inimitiés et des désirs bas,*
> *C'est à vous que je le dois [...]*
> *Ô vents et sonores cataractes ! à vous,*
> *Montagnes ! à toi, Nature !*

6.
Pourquoi ? Pourquoi la proximité d'une cataracte, d'une montagne ou de tout autre élément naturel rendrait-elle moins probable que l'on éprouve des « inimitiés et des désirs bas » que la proximité de rues bondées ?

La région des Lacs suggérait des réponses à cette question. M. et moi nous levâmes de bonne heure le premier matin et descendîmes dans la salle à manger de l'auberge, qui était peinte en rose et donnait sur une vallée luxuriante. Il pleuvait à torrents, mais le patron nous assura, avant de nous servir du porridge et de nous informer qu'il y avait un supplément pour les œufs, que ce n'était qu'une averse passagère. Un magnétophone diffusait des airs de flûte péruvienne, entrecoupés des passages les plus connus du *Messie* de Händel. Après avoir mangé, nous mîmes quelques affaires dans un sac à dos et allâmes en voiture à Ambleside, où nous achetâmes quelques objets à emporter en randonnée : boussole, porte-cartes étanche, bouteille d'eau, tablettes de chocolat et sandwichs.

Quoique petit, Ambleside était aussi animé qu'une

métropole. Des camions étaient bruyamment déchargés devant des magasins, on voyait partout des panneaux publicitaires pour des restaurants et des hôtels et, bien qu'il fût encore tôt, les salons de thé étaient pleins. Les journaux, sur leurs présentoirs, parlaient des derniers rebondissements d'un scandale politique à Londres.

À quelques miles au nord-ouest de la station touristique, dans la vallée Great Langdale, tout fut différent. Pour la première fois depuis notre arrivée dans la région des Lacs, nous étions en pleine campagne, et la nature était plus en évidence que les humains. De chaque côté du chemin se dressaient de nombreux chênes. Chacun d'eux poussait loin de l'ombre de ses voisins, dans une prairie si appétissante pour les moutons qu'ils en avaient fait une pelouse parfaite. Ces chênes avaient noble allure, ils ne laissaient pas leurs branches traîner par terre comme des saules et leurs feuillages n'avaient pas l'aspect hirsute de certains peupliers, qui peuvent évoquer de près quelqu'un qu'on a réveillé au milieu de la nuit et qui n'a pas eu le temps de se coiffer. Ces chênes regroupaient sous eux leurs branches basses, tandis que leurs branches supérieures poussaient à petits intervalles réguliers, produisant un riche feuillage presque parfaitement circulaire, comme celui d'un arbre type dessiné par un enfant.

La pluie, qui continuait à tomber résolument malgré les promesses du patron de l'auberge, nous faisait mieux sentir ce que ces chênes avaient d'imposant. Sous leurs humides frondaisons, on entendait les gouttes tomber sur des milliers de feuilles, ce qui créait un harmonieux crépitement aux tonalités diverses selon qu'elles heurtaient une feuille grande ou petite, haute ou basse, pleine d'eau accumulée ou non. Ces arbres offraient une image de complexité bien ordonnée : leurs racines tiraient patiemment du sol des substances nutritives, les vaisseaux capillaires de leurs troncs acheminaient la sève vingt-cinq mètres plus haut, chaque branche en prenait assez mais pas trop pour les besoins de ses propres feuilles, chaque feuille contribuait au bon fonctionnement de l'ensemble. Ces arbres offraient aussi une image de patience, car ils allaient endurer cette matinée pluvieuse et toutes celles qui suivraient sans se plaindre, en s'adaptant à la lente succession des saisons – sans manifester de mauvaise humeur pendant les tempêtes, ni trahir un désir de quitter l'endroit où ils étaient pour aller faire un tour dans une autre vallée ; satisfaits de laisser leurs nombreuses jambes fines enfouies dans le sol humide, jusqu'à plusieurs mètres de leur tronc et loin des plus hautes feuilles qui retenaient l'eau de pluie dans leur paume.

Wordsworth aimait écouter la pluie assis sous un chêne ou regarder les rayons du soleil se briser sur ses feuilles. Ce qu'il jugeait être la patience et la dignité des arbres lui paraissait caractéristique des œuvres de la Nature, qu'il fallait admirer de toujours montrer :

> ... à l'esprit grisé
> *D'objets présents, séduit par la danse folle*
> *Des choses éphémères, le sobre spectacle*
> *De ce qui dure.*

La Nature, suggérait-il, incite chacun de nous à chercher dans la vie et chez autrui « tout ce qu'il peut y avoir de désirable et de bon ». C'est une « image de vraie raison » qui tempère les vices de la vie urbaine.

Pour accepter, même partiellement, l'argument de Wordsworth, il se peut que nous devions accepter un principe préalable, à savoir que nos identités sont, dans une plus ou moins grande mesure, malléables ; que nous changeons selon la personne – et parfois la *chose* –

Philip James de Loutherbourg, *La Wye à Tintern Abbey*, 1805

avec laquelle nous sommes. La compagnie de certaines gens stimule notre générosité et notre sensibilité, celle d'autres personnes, notre esprit de compétition et notre envie. L'obsession de A vis-à-vis du statut social et de la hiérarchie peut – presque imperceptiblement – amener B à se tracasser au sujet de sa propre importance. Les plaisanteries de A peuvent éveiller peu à peu le sens du ridicule jusque-là assoupi de B. Mais placez B dans un autre environnement et ses préoccupations changeront subtilement en fonction d'un nouvel interlocuteur.

Que peut-on donc s'attendre qu'il arrive à l'identité d'une personne en présence d'une cataracte ou d'une montagne, d'un chêne ou d'une chélidoine – des choses qui, après tout, n'ont pas de préoccupations conscientes et ne peuvent donc pas, semblerait-il, encourager ou condamner tel ou tel comportement ? Et pourtant un objet inanimé peut – pour en venir au cœur de l'assertion wordsworthienne sur les effets bénéfiques de la nature – exercer une influence sur nous. Les choses de la nature ont le pouvoir de suggérer certaines valeurs (les chênes la dignité, les pins la détermination, les lacs la sérénité) et peuvent ainsi nous inciter discrètement à la vertu.

Dans une lettre écrite à un jeune étudiant durant l'été 1802, où il parlait de la mission de la poésie, Wordsworth en vint à préciser les valeurs qu'incarnait selon lui la Nature : « Un grand poète [...] doit corriger dans une certaine mesure les sentiments des hommes [...] doit rendre leurs sentiments plus *sensés, purs et permanents*, bref, plus en accord avec la Nature. »

Il trouvait dans chaque paysage naturel des exemples de cette raison, cette pureté et cette permanence. Ainsi voyait-il dans les fleurs des modèles d'humilité et de douceur :

À la pâquerette

... Ô douce et muette créature !
Qui respires avec moi au soleil,
Guéris comme tu le fais toujours
Mon cœur en lui donnant la joie,
Et un peu de ton humble nature !

Les animaux étaient à ses yeux des modèles de stoïcisme. Il se prit d'affection pour une mésange bleue qui, même par très mauvais temps, chantait dans son verger au-dessus du *Dove Cottage*. Pendant leur premier et âpre hiver en ce lieu, Dorothy et lui furent encouragés par l'exemple d'un couple de cygnes, qui, bien que depuis peu aussi dans cet endroit, endurait le froid avec plus de patience qu'eux.

Au bout d'une heure de marche le long de la vallée Langdale, la pluie ayant cessé, M. et moi entendons un faible *tsiip*, répété sur un rythme rapide et alternant avec un *tissip* plus fort. Trois pipits des prés s'envolent d'une petite étendue d'herbe drue. Un traquet oreillard, qui a l'air pensif sur une branche de conifère, sèche son plumage ocre clair au soleil de septembre. Dérangé par quelque chose, il s'envole à son tour et tourne au-dessus de la vallée en émettant un *shoue-shouii-shouii-ou* rapide et aigu. Ce bruit n'a aucun effet sur une chenille, qui avance laborieusement sur un rocher, ni sur les nombreux moutons disséminés dans toute la vallée.

Un des moutons s'approche du chemin et regarde ses visiteurs avec curiosité. Humains et mouton se dévisagent, intrigués. Au bout d'un moment le mouton s'assoit, broute nonchalamment un peu d'herbe et mâche d'un seul côté, comme si c'était un chewing-gum. Pourquoi suis-je moi et lui, lui ? Un autre mouton s'approche et s'assoit à côté de son compagnon, laine contre laine, et pendant un bref instant ils échangent ce qui semble être un regard entendu et légèrement amusé.

Nous entendons, venant d'un buisson touffu qui descend vers un ruisseau, à quelques mètres de là, un son qui évoque un vieillard léthargique se raclant la gorge après un copieux déjeuner. Il est suivi d'un fort bruissement qui trahit une frénésie incongrue, comme si quelqu'un fouillait impatiemment un lit de feuilles pour retrouver un bien précieux. Mais s'apercevant qu'elle a de la compagnie, la créature se tient coite, tel un enfant qui retient son souffle au fond d'un placard pendant une partie de cache-cache. À Ambleside, des gens achètent des journaux et mangent des scones. Et ici, enfouie dans un buisson, il y a une bestiole, probablement dotée d'une fourrure et peut-être d'une queue, qui aime manger des baies ou des insectes, trotter dans les fourrés, grogner – et qui est pourtant, en dépit de toutes ses bizarreries, une créature qui, *comme nous*, vit, respire et dort sur cette planète singulière dans un univers silencieux fait de poussière et de gaz.

Une des ambitions poétiques de Wordsworth était de nous amener à *voir* les animaux qui vivent près de nous et auxquels nous ne prêtons généralement pas attention, ou seulement du coin de l'œil, sans chercher à savoir ce qu'ils font ou veulent – vagues présences génériques, l'oiseau sur le clocher, la bête qu'on entend fureter dans le buisson. Il invitait ses lecteurs à abandonner un moment leur perspective habituelle pour se demander comment serait le monde si on le voyait avec d'autres yeux, à passer d'une perspective humaine à une perspective naturelle. Pourquoi cela pourrait-il être intéressant, voire stimulant et réconfortant ? Peut-être parce que le mal-être peut venir de ce qu'on n'a qu'une perspective à sa disposition. Quelques jours avant d'aller dans la région des Lacs, j'étais tombé sur un livre du XIXe siècle dont l'auteur parlait de l'intérêt que manifestait Wordsworth pour les oiseaux et évoquait dans sa préface les avantages de l'autre perspective qu'ils offraient :

Je suis persuadé que beaucoup de gens seraient ravis si la presse locale, quotidienne ou hebdomadaire, dans tout ce pays, signalait toujours non seulement les arrivées et les départs des lords, ladies, députés et autres grands personnages de cette nation, mais aussi les arrivées et les départs des oiseaux.

Si nous souffrons des valeurs de l'époque ou de l'élite, cela peut être une source de réconfort de voir ce qui nous rappelle la diversité de la vie sur la planète, de garder à l'esprit qu'outre les affaires des grands personnages de la nation, il y a aussi des pipits qui pépient dans les prés.

Repensant aux premiers poèmes de Wordsworth, Coleridge suggéra que leur génie avait été de « donner le charme de la nouveauté aux choses quotidiennes, et de susciter un sentiment quasi divin en tirant l'esprit de la léthargie de l'habitude et en dirigeant notre attention vers la beauté et les merveilles du monde ; un trésor inépuisable, mais pour lequel, en raison de l'accoutumance et de nos préoccupations égoïstes, nous avons des yeux mais ne voyons pas, des oreilles mais n'entendons pas, et des cœurs insensibles ».

La « beauté » de la nature peut à son tour, suggérait Wordsworth, nous inciter à cultiver ce qu'il y a de bon en nous. Deux personnes qui se tiennent sur le bord d'un rocher surplombant un torrent et une magnifique vallée boisée peuvent transformer non seulement leur relation avec la nature, mais également, et de façon tout aussi importante, leur relation personnelle.

Asher Brown Durand, *Âmes sœurs*, 1849

Il y a des pensées et des sentiments qui semblent indécents en présence d'une falaise, d'autres que la vue d'une falaise conforte naturellement : sa majesté encourage ce qu'il y a de résolu et de noble en nous, son imposante hauteur nous apprend à respecter de bonne grâce, et avec une humilité empreinte de craintive admiration, tout ce qui nous dépasse. Il est bien sûr possible de ressentir de l'envie à l'égard d'un collègue devant une puissante cataracte. C'est seulement, si l'on en croit le message wordsworthien, un peu moins probable. Wordsworth soutenait qu'une vie passée dans la nature lui avait forgé un esprit capable de résister à la jalousie, à l'envie et à l'anxiété et c'est pourquoi il se réjouissait

... d'avoir regardé d'abord
L'Homme à travers des choses nobles ou belles,
Communié d'abord avec lui grâce à elles.
Et ainsi fut dressée une robuste défense
Contre la cruauté, l'égoïsme et l'offense,
Les manières grossières, les passions vulgaires,
Dont nous accable le monde ordinaire
Où nous évoluons.

7.
M. et moi ne pûmes rester longtemps dans la région des Lacs. Trois jours après notre arrivée, nous étions dans le train de Londres, assis en face d'un homme qui cherchait en vain à contacter avec son portable (comme l'apprirent tous les occupants du wagon en entendant malgré eux d'interminables explications) un certain Jim qui lui devait de l'argent.

Même si l'on admet qu'un contact avec la nature puisse être très bénéfique, on peut penser que ses effets seront certainement limités par sa brièveté. On ne peut guère s'attendre à ce que trois jours dans la nature engendrent un bien-être qui dure plus de quelques heures.

Wordsworth était moins pessimiste. Au cours de l'automne 1790, le poète voyagea à pied dans les Alpes. Il alla de Genève à la vallée de Chamonix, puis franchit le col du Simplon et descendit vers le lac Majeur le long de la vallée du Gondo. Dans une lettre à sa sœur où il décrivait ce qu'il avait vu, il ajouta : « En cet instant où je revois en esprit beaucoup de ces paysages, je ressens un vif plaisir à l'idée que peut-être *pas un seul jour de ma vie* [c'est moi qui souligne] ne passera sans que je retire quelque bonheur de ces images. »

Ce n'était pas une hyperbole. Bien des années plus tard, les Alpes continuaient à vivre en lui et fortifiaient son âme chaque fois qu'il les évoquait ; ce qui l'amenait à soutenir que nous pouvons voir dans la nature des choses qui restent en nous toute notre vie et qui peuvent, chaque fois qu'elles reviennent à l'esprit, offrir un contraste avec nos difficultés actuelles et nous aider à les surmonter. Il appelait de telles expériences dans la nature des « instants » (privilégiés).

Il est dans notre vie des instants
Qui ont plus que tout autre
Une vertu régénératrice [...]
Qui nous pénètre et nous permet
Si nous sommes haut, de nous élever plus haut encor
Et nous relève si nous sommes à terre.

Cette croyance en de petits moments décisifs dans la nature explique les sous-titres inhabituellement précis qu'il donnait à beaucoup de ses poèmes. Celui de *Tintern Abbey (En revoyant les bords de la Wye au cours d'une excursion, le 13 juillet 1798)* précisait le jour, le mois et l'année pour suggérer que quelques instants passés à contempler une vallée pouvaient compter parmi les plus importants et utiles de notre vie, et étaient aussi dignes d'être rappelés à notre souvenir qu'une naissance ou un mariage.

J'avais eu droit moi-même à un tel « instant ». Cela s'était produit à la fin de l'après-midi, le deuxième jour de notre bref voyage dans la région des Lacs. M. et moi mangions des barres chocolatées, assis sur un banc près d'Ambleside, et échangions quelques mots au sujet de celles qu'on préférait. M. dit qu'elle aimait les barres fourrées au caramel, j'exprimai une préférence pour celles, plus sèches, à consistance de biscuit, puis nous nous tûmes et je regardai, par-delà un champ, un bouquet d'arbres près d'un ruisseau. Ils arboraient un grand nombre de teintes différentes, des nuances contrastées de vert, comme si quelqu'un avait déployé là un catalogue d'échantillons de couleurs. Ces arbres donnaient une étonnante impression de santé et d'exubérance. Ils ne semblaient pas se soucier que le monde fût vieux et souvent triste. J'avais envie d'enfouir mon visage dans leur feuillage pour être régénéré par leur odeur. Il paraissait extraordinaire que la nature ait pu d'elle-même, sans se préoccuper le moins du monde du bonheur de deux personnes mangeant du chocolat sur un banc, produire un paysage en si totale harmonie avec un sens humain de la beauté et des proportions.

Ma réceptivité à ce paysage ne dura qu'une minute. Des pensées liées à mon travail s'imposèrent bientôt à moi et M. suggéra que nous retournions à l'auberge pour qu'elle puisse donner un coup de téléphone. Je n'eus pas conscience d'avoir gravé ce paysage dans ma mémoire jusqu'au moment où, tandis que j'attendais dans un embouteillage un après-midi, oppressé par divers soucis, les arbres resurgirent soudain, bousculant un tas de rencontres prévues et de correspondance restée sans réponse, et s'affirmant à mon esprit. Je fus emporté loin du trafic et de la foule, vers ces arbres dont j'ignorais le nom, mais que je voyais aussi clairement que s'ils s'étaient trouvés devant moi. Ils me déchargeaient un instant de mes soucis, ils me protégeaient des remous de l'anxiété et contribuaient quelque peu, cet après-midi-là, à me donner une raison de vivre.

À onze heures du matin, le 15 avril 1802, Wordsworth vit des jonquilles sur la rive ouest du lac Ullswater, à quelques miles au nord de l'endroit où M. et moi avions séjourné. Il y avait quelque dix mille de ces fleurs « dansant dans la brise », écrivit-il plus tard. Les vagues du lac semblaient danser aussi près d'elles, mais les jonquilles « surpassaient en gaieté les vagues scintillantes ». « Quel trésor m'avait apporté ce spectacle », expliqua-t-il en évoquant ce qui était devenu pour lui un instant privilégié :

> *Car souvent lorsque sur mon lit*
> *Je repose, rêveur ou pensif,*
> *Leur vision soudain m'illumine*
> *[...] Et mon cœur alors se réjouit*
> *Et danse avec les jonquilles.*

Un dernier vers assez fâcheux peut-être, exposé au reproche de « niaiserie » formulé par Byron, mais qui offre néanmoins l'idée consolante que, rêveurs ou pensifs, évoluant dans le « monde turbulent » des villes, nous pouvons aussi revoir des images de nos pérégrinations dans la nature, images d'un bouquet d'arbres ou de la rive d'un lac couverte de jonquilles et, avec leur aide, émousser un peu les forces de l'« inimitié et des désirs bas ».

En voyage dans la région des Lacs,
14-18 septembre 2000

VI

DU SUBLIME

Lieu	Désert du Sinaï
Guides	Edmund Burke Job

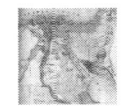

1.
Ayant depuis longtemps un faible pour les déserts, attiré par les photographies de l'Ouest américain (touffes d'amarante emportées par le vent sur une étendue aride) et les noms des grands déserts (Mojave, Kalahari, Taklamakan, Gobi), j'achetai un billet de charter pour la ville et station balnéaire israélienne d'Eilat afin d'aller dans le Sinaï. Pendant le voyage, je parlai avec la jeune Australienne qui était assise à côté de moi et qui allait travailler comme surveillante de baignade au Hilton d'Eilat – et je lus Pascal :

Quand je considère [...] le petit espace que je remplis et même que je vois, abîmé dans l'infinie immensité des espaces que j'ignore et qui m'ignorent, je m'effraye et m'étonne de me voir ici plutôt que là, car il n'y a point de raison pourquoi ici plutôt que là, pourquoi à présent plutôt que lors. Qui m'y a mis ?

Pensées

Wordsworth nous avait encouragés à nous promener dans la nature pour éprouver des sentiments qui enrichiraient notre âme. J'allais dans le désert pour éprouver le sentiment de ma petitesse.

Albert Bierstadt, *Montagnes Rocheuses, Lander's Peak*, 1863

Il est généralement peu agréable que quelqu'un ou quelque chose (un portier d'hôtel ou une comparaison avec les exploits des héros) nous donne le sentiment de notre petitesse. Mais il peut y avoir une autre façon, plus satisfaisante, de se sentir petit et faible. C'est ce que suggèrent des tableaux tels que *Montagnes Rocheuses, Lander's Peak* (1863) d'Albert Bierstadt, *Avalanche dans les Alpes* (1803) de Philip James de Loutherbourg ou *Les Blanches Falaises de Rügen* (1818) de Caspar David Friedrich. Que nous apportent donc ces lieux austères et imposants ?

2.
Au bout de deux jours, le groupe d'une douzaine de personnes auquel je me suis joint atteint une vallée du Sinaï où on ne voit aucune trace de vie – ni arbres, ni herbe, ni eau, ni animaux. Seuls de gros rochers jonchent le sol de grès, comme si les trépignements d'un géant irrité les avaient fait rouler des flancs des montagnes environnantes. Ces montagnes ressemblent à des Alpes dénudées et leur nudité révèle des origines géologiques habituellement dissimulées sous un manteau de terre et des forêts de sapins. Il y a des crevasses et des fissures qui évoquent les pressions exercées au cours des millénaires, des coupes transversales naturelles qui nous plongent dans le plus lointain passé. Le mouvement des plaques tectoniques a plissé le granit comme un simple tissu. Les montagnes s'étendent à perte de vue à l'horizon, jusqu'à ce que le djebel du Sinaï méridional débouche sur un plateau caillouteux et torride que les Bédouins appellent El Tih, ou désert des Errants.

Philip James de Loutherbourg, *Avalanche dans les Alpes*, 1803

Caspar David Friedrich, *Les Blanches Falaises de Rügen*, 1818

3.
Il y a peu de sentiments envers tel ou tel lieu pour lesquels existe un seul terme approprié : nous devons aligner gauchement un tas de mots pour exprimer ce que nous ressentons lorsque nous regardons la lumière diminuer un soir d'automne ou tombons sur un étang parfaitement calme dans une clairière.

Mais au début du XVIIIe siècle, un mot s'affirma avec lequel il devint possible d'exprimer une réaction spécifique à la vue de précipices ou de glaciers, d'un ciel nocturne ou d'un désert jonché de rochers. On pouvait s'attendre à éprouver en leur présence – et on pouvait espérer être compris si on disait plus tard qu'on avait ressenti – quelque chose de l'ordre du *sublime*.

Le mot était apparu vers l'an 250 dans un *Traité du sublime* attribué au philosophe grec Longin, mais il était resté dans l'ombre jusqu'à ce qu'on retraduise cet essai en anglais en 1712, et qu'il suscite alors un vif intérêt chez les critiques. Bien qu'ils fussent souvent en désaccord dans leurs analyses du terme, leurs points d'accord étaient plus frappants. Ils regroupaient en une seule catégorie un certain nombre de paysages, jusque-là perçus comme sans rapport les uns avec les autres, en fonction de leur dimension et de leur aspect désert ou dangereux, et soutenaient que de tels lieux engendraient un sentiment identifiable qui était à la fois agréable et moralement bon. La valeur des paysages ne devait plus être jugée uniquement selon des critères esthétiques établis (l'harmonie des couleurs, l'arrangement des lignes) ou d'un point de vue économique ou pratique, mais selon le pouvoir qu'ils avaient de susciter quelque chose de l'ordre du sublime.

Joseph Addison, dans son *Essai sur les plaisirs de l'imagination*, évoqua le « délicieux et paisible émerveillement » qu'il avait ressenti en contemplant « un vaste paysage champêtre, un grand désert aride, d'énormes massifs montagneux, de hautes cimes rocheuses, des précipices ou une vaste étendue d'eau ». Hildebrand Jacob, dans un essai intitulé *Comment l'esprit est élevé par le Sublime*, proposa une liste des lieux et des choses les plus susceptibles d'éveiller le précieux sentiment : océans, calmes ou déchaînés, soleil couchant, précipices, cavernes et montagnes suisses.

Les voyageurs allèrent vérifier sur place. En 1739, le poète Thomas Gray entreprit un voyage à pied dans les Alpes, la première de nombreuses recherches délibérées du sublime, et écrivit : « Au cours de notre petite ascension vers la Grande Chartreuse, je ne me souviens pas d'avoir fait dix pas sans pousser une exclamation impossible à retenir. Pas un précipice, pas un torrent, pas un escarpement qui ne soit empreint de religion et de poésie. »

4.
Le Sinaï méridional à l'aube. Quel est donc ce sentiment ? Il est généré par une vallée qui s'est formée il y a quatre cents millions d'années, par une montagne granitique haute de 2 300 mètres et l'érosion millénaire inscrite sur les parois d'une série de profonds canyons. Phénomènes à côté desquels l'homme semble n'être qu'un peu de future poussière, le sublime naissant alors d'une rencontre, agréable, voire grisante, avec notre propre faiblesse face à la force, à l'âge et à la dimension de l'univers.

Dans mon sac à dos j'ai une lampe de poche, un panama et Edmund Burke. À l'âge de vingt-quatre ans, après avoir renoncé à ses études de droit à Londres, Burke écrivit *Une étude philosophique de l'origine de notre conception du Sublime et du Beau*. Il était catégorique : le sublime a bien un rapport avec un sentiment de faiblesse. De nombreux paysages sont beaux : prairies printanières, douces vallées, prés parsemés de chênes ou de fleurs (pâquerettes surtout), mais ils ne sont pas sublimes. « On confond souvent les notions de sublime et de beauté, se plaignait-il, on les applique indistinctement à des choses très différentes et parfois contraires » – un soupçon d'irritation, chez le jeune philosophe, envers ceux qui pouvaient contempler bouche bée la Tamise des jardins de Kew et qualifier ce spectacle de sublime. Un paysage ne peut prétendre au sublime que s'il évoque une puissance plus grande que celle des hommes et potentiellement menaçante pour eux. Les lieux sublimes incarnent un défi à notre volonté. Burke illustrait cet argument à l'aide d'un parallèle entre les bœufs et les taureaux. « Un bœuf est un animal puissant, mais c'est une créature innocente, fort docile et nullement dangereuse ; c'est pourquoi l'idée d'un bœuf ne saurait être noble. Un taureau est fort aussi, mais sa force est d'une autre sorte, souvent très destructrice [...] l'idée d'un taureau est donc noble, et a fréquemment une place dans les descriptions sublimes et les métaphores qui élèvent l'âme. »

Il y avait des paysages de type bœuf : innocents et « nullement dangereux », dociles à la volonté humaine. Burke avait passé sa jeunesse dans l'un d'eux, pensionnaire d'une école de quakers dans le village de Ballitore dans le comté de Kildare, à trente miles au sud-ouest de Dublin, un paysage composé de fermes, de vergers, de haies, de rivières et de jardins. Et puis il y avait les paysages de type taureau. Burke énuméra leurs caractéristiques : vastes, déserts, souvent sombres et apparemment infinis, à cause de l'uniformité et de la succession de leurs éléments. Le Sinaï en faisait partie.

5.
Mais pourquoi le plaisir ? Pourquoi rechercher ce sentiment de petitesse – et même y prendre plaisir ? Pourquoi quitter le confort d'Eilat, se joindre à un groupe d'amoureux du désert et parcourir de nombreux miles à pied, un lourd sac sur le dos, le long du golfe d'Aqaba, pour atteindre un lieu minéral et silencieux où l'on doit se réfugier, pour fuir l'ardeur du soleil, à l'ombre rare de rochers géants ? Pourquoi contempler avec euphorie plutôt que désespoir des massifs granitiques et des déserts caillouteux et torrides et des montagnes s'étendant au loin comme de la lave figée jusqu'à ce que les crêtes s'estompent à l'horizon sur un dur ciel bleu ?

Une réponse est que tout ce qui est plus puissant que nous n'est pas forcément haïssable. Ce qui défie notre volonté peut provoquer de la colère et du ressentiment, mais peut aussi inspirer un respect admiratif et intimidé. C'est selon que l'obstacle paraît noble dans son défi, ou sordide et insolent. Nous détestons la morgue d'un portier, nous honorons la fierté d'une montagne enveloppée de brume. Nous sommes humiliés par ce qui est puissant et vil, mais impressionnés par ce qui est puissant et noble. Pour reprendre et prolonger la métaphore animalière de Burke, un taureau peut susciter un sentiment de l'ordre du sublime, un piranha non. Il semble que ce soit une question d'intention : nous interprétons la puissance du piranha comme étant cruelle et prédatrice, celle du taureau comme étant sans malice et impersonnelle.

Même quand nous ne sommes pas dans un désert, le comportement d'autrui et nos propres imperfections nous donnent volontiers le sentiment d'être faible et petit. L'humiliation est un risque permanent dans le monde des hommes. Il n'est pas rare que notre volonté soit bafouée et nos désirs frustrés. Les paysages sublimes ne nous font donc pas découvrir notre faiblesse ; ils nous permettent plutôt – pour toucher du doigt la raison essentielle de leur attrait – de considérer une faiblesse familière d'une façon nouvelle et plus utile. Les lieux sublimes répètent en termes nobles une leçon que la vie ordinaire nous inflige chaque jour cruellement : l'univers est plus puissant que nous ; nous sommes fragiles et éphémères et n'avons d'autre solution que d'accepter tout ce qui limite notre volonté ; nous devons nous soumettre à des nécessités supérieures.

Telle est la leçon inscrite dans les pierres du désert et les glaces des pôles – et inscrite si noblement que nous pouvons revenir de ces lieux non pas accablés, mais inspirés par ce qui nous dépasse et honorés d'être soumis à d'aussi grandioses nécessités. Le sentiment de respect admiratif et intimidé peut même se muer en un désir de vénération.

6.
Puisqu'on a traditionnellement appelé « Dieu » ce qui est plus puissant que l'homme, il ne semble pas incongru de se mettre à penser à une déité dans le Sinaï. Les montagnes et les vallées suggèrent spontanément que la planète a été modelée par quelque chose d'autre que nos propres mains, par une force plus formidable que celle dont nous sommes capables, bien avant notre naissance, et destinée à agir encore bien après notre disparition (ce qu'on peut oublier quand on voit des fleurs ou des fast-foods au bord de la route).

Dieu a, dit-on, passé beaucoup de temps dans le Sinaï, notamment deux années dans la région centrale à s'occuper d'un groupe d'irascibles Israélites qui se plaignaient de manquer de nourriture et avaient un faible pour les dieux étrangers. « Le Seigneur est venu de

Sinaï », dit Moïse peu avant sa mort (Deut. XXXIII, 2). « Tout le mont Sinaï était couvert de fumée, parce que le Seigneur y était descendu dans les flammes ; la fumée s'en élevait comme d'une fournaise, et toute la montagne tremblait terriblement », explique l'Exode (XIX, 18). « Or tout le peuple entendait le tonnerre et le son de la trompette, et voyait les feux et la montagne fumante. Et, saisi d'effroi, il se tint éloigné. [...] Et Moïse dit au peuple : "Ne craignez point car Dieu est venu pour vous éprouver" » (*ibid*, XX, 18-19).

Mais l'histoire biblique ne fait que renforcer l'impression que ne peut de toute façon manquer d'avoir le voyageur dans le Sinaï : l'impression que quelque volonté supérieure a dû jouer un rôle dans tout cela, quelque chose de plus grand que l'homme et doté d'une intelligence que la simple « nature » ne possède pas ; un « quelque chose » pour lequel le mot « Dieu » semble encore, même à l'esprit profane, loin d'être inapproprié. On a beau savoir que des forces naturelles (et non surnaturelles) peuvent aussi créer de la beauté et une impression de puissance, cela paraît singulièrement insuffisant lorsqu'on se tient devant une vallée de grès qui s'élève vers ce qui semble être un autel géant, au-dessus duquel luit un fin croissant de lune.

Les premiers à avoir écrit sur le sublime ont souvent associé paysages et religion :

Joseph Addison, *Sur les plaisirs de l'imagination*, 1712 :
« Un vaste espace fait naturellement naître dans mon esprit l'idée d'un Être tout-puissant. »

Thomas Gray, *Lettres*, 1739 :
« Il est des paysages si grandioses qu'ils feraient d'un athée un croyant sans l'aide d'aucun autre argument. »

Thomas Cole, *Essai sur le paysage américain*, 1835 :
« Dans ces lieux solitaires où la nature est restée vierge, on songe spontanément au Créateur ; ce sont ses œuvres non profanées, et l'esprit s'abîme dans la contemplation des choses éternelles. »

Ralph Waldo Emerson, *Nature*, 1836 :
« Le plus noble rôle de la nature est d'être la manifestation visible de Dieu. »

Ce n'est pas un hasard si l'intérêt pour les paysages sublimes en Occident s'accrut au moment précis où la croyance traditionnelle en Dieu commençait à décroître. C'était comme si ces paysages permettaient aux voyageurs d'éprouver les sentiments transcendants qu'ils n'éprouvaient plus dans les villes et les campagnes cultivées. Ces lieux sublimes leur offraient un lien émotionnel avec une puissance supérieure, tout en les délivrant de l'obligation de souscrire aux assertions plus spécifiques et désormais moins vraisemblables des textes bibliques et des religions organisées.

7.
Le lien entre Dieu et les paysages sublimes est mis particulièrement en évidence dans un livre de la Bible. Les circonstances sont singulières. Un homme juste mais désespéré demande à Dieu de lui expliquer pourquoi son existence est devenue si malheureuse et pleine de souffrances. Et Dieu lui répond en l'enjoignant de contempler les déserts et les montagnes, les rivières et les glaciers, les océans et les cieux. On a rarement demandé aux lieux sublimes de supporter le poids d'une question aussi grave et pressante.

Au début du livre de Job (« le plus sublime de l'Ancien Testament » selon Edmund Burke), nous apprenons que Job était un homme riche et pieux « en la terre de Hus ». Il avait sept fils, trois filles, sept mille moutons, trois mille chameaux, cinq cents paires de bœufs et cinq cents ânesses. Ses désirs étaient exaucés et sa vertu récompensée. Et puis, un jour, le malheur frappa. Les Sabéens volèrent ses bœufs et ses ânesses, la foudre tua ses moutons et les Chaldéens lui prirent ses chameaux. Un vent violent venu du désert détruisit la maison de son fils aîné, tuant celui-ci et tous ses frères et sœurs. Des plaies douloureuses couvrirent le corps de Job depuis la plante des pieds jusqu'à la tête et, assis sur un tas de fumier, il les gratta avec un morceau de pot cassé et pleura.

Pourquoi Job fut-il affligé de tant de maux ? Ses amis avaient la réponse à cette question : il avait péché. Baldad de Suh lui dit que ses enfants n'auraient pas pu être anéantis par Dieu si eux et lui n'avaient rien fait de mal. « Dieu ne rejette pas un homme juste », dit-il. Sophar de Naamath suggéra même que Dieu avait été généreux en le traitant ainsi : « Sache qu'Il exige beaucoup moins de toi que ne mérite ton iniquité. »

Mais Job ne pouvait accepter de telles paroles. C'étaient, dit-il, des « adages de cendre » et des « défenses de boue ». Il n'avait pas été un mauvais homme – pourquoi alors tous ces malheurs lui étaient-ils arrivés ?

C'est une des questions les plus pertinentes que les hommes posent à Dieu dans tout l'Ancien Testament. Et « du milieu d'un tourbillon », un Dieu courroucé répondit à Job :

> *Qui est celui qui noircit mes desseins de ses mots d'ignorant ?*
> *Ceins tes reins comme un homme ; je vais t'interroger, et tu répondras.*

> *Où étais-tu quand je jetais les fondations de la terre ? Dis-le-moi, toi qui te crois intelligent.*
> *Sais-tu qui en a réglé toutes les mesures, qui a tendu sur elle une ligne droite ? [...]*
> *Sais-tu par quelle voie la lumière descend du ciel, et la chaleur se répand sur la terre ?*
> *Qui a donné cours aux pluies impétueuses, et un passage au bruit éclatant du tonnerre ? [...]*
> *Du sein de qui la glace est sortie, et qui a produit la gelée dans l'air ? [...]*
> *Sais-tu l'ordre et les mouvements du ciel, et en rendras-tu la raison, toi qui es sur la terre ?*
> *Élèveras-tu ta voix jusqu'aux nues, pour que l'eau se répande sur toi en abondance ? [...]*
> *Est-ce par ta sagesse que l'épervier se couvre de plumes et étend ses ailes vers le sud ? [...]*
> *As-tu comme Dieu un bras tout-puissant, et ta voix tonne-t-elle comme la sienne ? [...]*
> *Pourras-tu pêcher Léviathan avec l'hameçon... ?*

Prié d'expliquer à Job pourquoi il lui fallait souffrir bien qu'il eût été vertueux, Dieu attirait son attention sur les puissants phénomènes de la nature. « Ne t'étonne pas que les choses ne soient pas comme tu voudrais : l'univers est plus grand que toi. Ne t'étonne pas de ne pas comprendre pourquoi elles ne sont pas comme tu voudrais, car tu ne saurais appréhender la logique de l'univers. Vois comme tu es petit à côté des montagnes. Accepte ce qui est plus grand que toi et que tu ne peux comprendre. » Le monde peut paraître illogique à Job, mais il ne s'ensuit pas qu'il est illogique en soi. Notre vie n'est pas la mesure de toute chose : contemplons les lieux sublimes pour nous rappeler l'insignifiance et la fragilité humaines.

Il y a là un message strictement religieux. Dieu

assure Job qu'il a une place dans Son cœur, même si tout ne tourne pas autour de sa personne et si les circonstances peuvent parfois sembler s'opposer à ses intérêts. Dès lors que la sagesse divine échappe à l'entendement humain, le juste, rendu conscient de ses limites par le spectacle d'une nature sublime, doit continuer à avoir foi en Dieu et en ses projets pour l'univers.

8.
Mais la réponse religieuse à la question de Job n'ôte pas toute valeur à l'histoire pour les esprits profanes. Les paysages sublimes, de par leur grandeur et leur force, conservent un rôle symbolique en nous incitant à accepter sans amertume ou lamentation les obstacles que nous ne pouvons surmonter et les événements que nous ne pouvons comprendre. Comme le savait le Dieu de l'Ancien Testament, il peut être utile d'étayer les faiblesses des hommes à l'aide des éléments naturels qui les dépassent physiquement – les montagnes, l'immensité de la Terre, les déserts.

Si le monde est injuste ou incompréhensible, les lieux sublimes suggèrent qu'il n'est pas surprenant qu'il en soit ainsi. Nous sommes les jouets des forces qui ont formé les océans et sculpté les montagnes. Les lieux sublimes nous invitent à reconnaître des limites auxquelles, sinon, nous pourrions nous heurter avec anxiété ou colère dans le cours ordinaire de la vie. Ce n'est pas seulement la nature qui nous défie ; l'existence humaine est tout aussi imposante, mais ce sont les vastes espaces naturels qui nous rappellent sans doute le mieux et nous font considérer le plus respectueusement tout ce qui nous dépasse. Si nous y passons du temps, ils peuvent nous aider à accepter de meilleure grâce les grands événements incompréhensibles qui malmènent nos existences et nous rendront inévitablement à la poussière.

ART

VII

DE L'ART RÉVÉLATEUR

Lieu	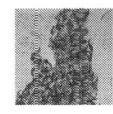 *Provence*
Guide	*Vincent Van Gogh* 

1.
Un été, je fus invité à passer quelques jours chez des amis dans un mas provençal. Je n'ignorais pas que le mot « Provence » est particulièrement évocateur pour beaucoup de gens, mais il ne représentait pas grand-chose pour moi. J'avais tendance à « décrocher » quand il était mentionné devant moi, à cause d'un sentiment, fondé sur peu de chose, que cet endroit ne me conviendrait pas. Ce que je savais, c'est que la Provence est généralement jugée très belle par les gens raisonnables – « Ah ! la Provence ! » soupirent-ils avec une révérence ordinairement réservée à l'opéra ou la faïence de Delft.

Je pris l'avion pour Marseille, puis me mis en route après avoir loué une petite Renault ; le mas de mes hôtes se trouvait au pied des Alpilles, entre Arles et Saint-Rémy-de-Provence. À la sortie nord de Marseille, je me trompai de direction et me retrouvai devant la raffinerie géante de Fos-sur-Mer, dont l'enchevêtrement de tuyaux et les tours de refroidissement évoquaient la complexité de la fabrication d'un liquide que je mettais régulièrement dans le réservoir de ma voiture sans réfléchir à son origine.

Je rejoignis la N 568, qui me mena vers le nord à travers la plaine à blé de la Crau. Un peu après Saint-

Martin-de-Crau, à quelques kilomètres de ma destination, étant en avance, je quittai la route, stoppai et coupai le contact. Je m'étais arrêté près d'une oliveraie ; le silence n'était troublé que par le chant des cigales cachées dans les arbres. Au-delà de l'oliveraie il y avait des champs de blé bordés de cyprès, au-dessus desquels s'élevait le relief irrégulier des Alpilles. Le ciel était d'un bleu immaculé.

Je parcourus le paysage des yeux. Je ne cherchais rien de particulier – prédateurs, maisons de vacances ou souvenirs. Mon motif était simple et hédoniste : je cherchais la beauté. « Enchantez et réjouissez-moi », tel était mon défi implicite aux oliviers, aux cyprès et au ciel de Provence. C'était un vaste (et vague) programme, et mes yeux étaient déconcertés par leur liberté ; sans les motifs qui avaient marqué le début de la journée (atteindre l'aéroport de Marseille, chercher la sortie de la ville et ainsi de suite), mon regard errait d'objet en objet, de sorte que si son parcours avait été souligné au moyen d'un crayon géant, la vue eût été bientôt assombrie par un impatient griffonnage.

Bien que ce paysage ne fût pas laid, je ne pus, après l'avoir ainsi regardé quelques instants, y trouver le charme qu'on lui avait si souvent attribué. Les oliviers avaient l'air rabougris, ils ressemblaient davantage à des buissons qu'à des arbres, et les champs de blé me rappelaient la morne campagne plate du sud-est de l'Angleterre où j'avais été malheureux dans un collège. Je n'eus pas l'énergie de remarquer les granges, le calcaire des collines ou les coquelicots qui poussaient au pied d'un groupe de cyprès.

Gagné par l'ennui et mal à l'aise dans l'habitacle de plus en plus chaud de la Renault, je repartis vers ma destination et saluai mes hôtes en leur disant que c'était tout simplement le paradis.

Parce que nous trouvons beau tel ou tel lieu aussi immédiatement et apparemment spontanément que nous trouvons la neige froide ou le sucre agréable au goût, il est difficile d'imaginer que nous puissions faire quelque chose pour modifier ou étendre nos inclinations. Il semble que cela ait été décidé pour nous par des qualités inhérentes à ces lieux ou par ce qui régit notre psyché, et que nous serions donc aussi incapables de modifier notre appréciation des lieux que nous trouvons beaux que celle des crèmes glacées que nous trouvons appétissantes.

Pourtant les goûts esthétiques peuvent être moins rigides que ne le suggère l'analogie. Nous ne prêtons pas attention à certains paysages parce que rien ne nous a jamais incités à les juger dignes d'intérêt, ou parce qu'une association d'idées fortuite nous les a fait prendre en aversion. Notre appréciation des oliviers peut être renforcée si on nous fait remarquer la teinte argentée de leurs feuilles ou la structure de leurs branches. De nouvelles associations d'idées peuvent se créer vis-à-vis du blé si on nous fait remarquer ce qu'a d'émouvant cette plante fragile et pourtant vitale, dont les lourds épis ploient dans le vent. Nous pouvons trouver quelque chose à apprécier dans le ciel provençal si on nous dit, ne serait-ce que de la façon la plus sommaire, que c'est la nuance de bleu qui compte.

Et sans doute est-ce à travers l'art pictural que nous pouvons le mieux apprendre à regarder et apprécier un paysage. On pourrait imaginer de nombreuses œuvres d'art comme des instruments extrêmement subtils destinés à nous dire ce qui se résume en fait à : « Regarde le ciel de Provence, modifie ta façon de voir un champ de blé, rends justice aux oliviers. » Parmi les milliers de choses que donne à voir, par exemple, un champ de blé, une œuvre réussie fera ressortir celles qui peuvent éveiller un sentiment de beauté et un intérêt marqué chez celui ou celle qui le regarde. Elle mettra en évidence des éléments habituellement perdus dans la masse des données, elle les stabilisera et, une fois que nous serons familiarisés avec eux, nous incitera imperceptiblement à les trouver dans ce que nous voyons autour de nous – ou, si nous les avons déjà trouvés, nous donnera de l'assurance pour leur accorder de l'importance dans notre vie. Nous serons comme quelqu'un auprès de qui un mot a été mentionné en maintes occasions, mais qui ne commence à l'entendre qu'une fois qu'il en a appris le sens.

Et dans la mesure où nous voyageons pour chercher de la beauté, les œuvres d'art peuvent en venir à influencer quelque peu le choix de nos destinations.

2.
Vincent Van Gogh arriva en Provence le 21 février 1888. Il avait trente-quatre ans et ne se consacrait à la peinture que depuis huit ans, après avoir échoué dans ses tentatives pour devenir maître d'école et pasteur. Il avait passé les deux années précédentes à Paris chez son frère Théo, un marchand de tableaux, qui l'aidait financièrement. Il n'avait guère eu de formation artistique, mais il s'était lié d'amitié avec Paul Gauguin et Henri de Toulouse-Lautrec et avait exposé ses œuvres avec les leurs au *Tambourin*, un café du boulevard de Clichy.

« Je me rappelle encore comme j'étais excité cet hiver-là, en allant à Arles », dira-t-il plus tard en évoquant le voyage en train de seize heures vers la Provence. Arrivé à Arles, la ville la plus prospère de la région (olives, construction ferroviaire), il porta ses bagages dans la neige (« il y a partout au moins 60 centimètres de neige de tombée ») jusqu'au petit hôtel Carrel, non loin des remparts nord de la ville. Malgré le temps glacial et la petitesse de sa chambre, il était ravi d'être venu dans le Midi. Il écrivit à sa sœur Wilhelmine : « Je crois que la vie ici est quelque chose de plus heureux qu'en maint autre lieu de la terre. »

Il allait rester à Arles jusqu'en mai 1889, quinze mois durant lesquels il fit environ 200 tableaux et 100 dessins et écrivit 200 lettres – et que l'on s'accorde généralement à considérer comme sa plus grande période. Les premières œuvres montrent Arles sous la neige, avec un ciel d'un bleu limpide et un sol gelé rose. Cinq semaines après son arrivée, le printemps fit son apparition et il peignit quatorze études d'arbres en fleurs dans la campagne environnante. Au début du mois de mai, il peignit le pont de Langlois sur le canal Arles-Bouc, au sud d'Arles, et vers la fin du mois une série de toiles représentant les Alpilles et l'abbaye en ruine de Montmajour vues de la Crau. Il fit aussi l'inverse, gravissant la colline rocheuse jusqu'à l'abbaye pour avoir une vue de la plaine et d'Arles. À la mi-juin, son attention se porta sur un autre sujet : la moisson, dont il fit dix études en seulement deux semaines. Il travaillait à une vitesse extraordinaire, comme il le dit lui-même : « Vite, vite, vite et pressé comme le moissonneur qui se tait sous le soleil ardent, se concentrant pour en abattre. » « Je travaille même en plein midi, en plein soleil, sans ombre aucune, dans les champs de blé, et voilà, j'en jouis comme une cigale. Mon Dieu, si à vingt-cinq ans j'eusse connu ce pays au lieu d'y venir à trente-cinq ! »

Plus tard, expliquant à son frère pourquoi il était venu là, il avança deux raisons : il avait voulu « peindre le Midi », et il avait voulu, par son travail, aider les autres à le « voir ». Si incertain qu'il fût quant à sa propre aptitude à y parvenir, il resta toujours fermement convaincu qu'un tel projet était théoriquement réalisable, c'est-à-dire que les artistes *pouvaient* représenter une portion du monde et la révéler ainsi aux yeux d'autrui.

S'il avait une telle foi dans le pouvoir révélateur de l'art, c'était parce qu'il en avait souvent fait l'expérience en tant que spectateur. Depuis qu'il était venu en France de sa Hollande natale, il l'avait particulièrement ressenti dans le domaine littéraire. Il avait lu les œuvres de Balzac, Flaubert, Zola et Maupassant et leur avait été reconnaissant de lui révéler la dynamique de la société et de la psychologie françaises. *Madame Bovary* lui avait beaucoup appris sur la vie de la bourgeoisie provinciale et *Le Père Goriot* sur les étudiants pauvres et ambitieux à Paris – et il reconnaissait maintenant les personnages de ces romans dans la société où il vivait.

Les tableaux aussi lui avaient ouvert les yeux. Il rendait souvent hommage aux peintres qui lui avaient permis de voir certaines couleurs et atmosphères. Vélasquez, par exemple, lui avait fait découvrir le gris. Plusieurs de ses toiles représentaient d'humbles intérieurs espagnols, où les murs étaient en brique ou enduits de plâtre sombre et où, au milieu du jour, quand les volets étaient fermés pour protéger la maison de la chaleur, la couleur dominante était un gris sépulcral, parfois traversé, si les volets n'avaient pas été complètement fermés ou s'il en manquait un bout, par un rayon de soleil d'un jaune éclatant. Vélasquez n'avait pas inventé de tels effets, bien des gens avaient dû les percevoir avant lui, mais très peu avaient eu l'énergie ou le talent qu'il fallait pour les capturer sur la toile et en faire une expérience communicable. Comme un explorateur avec un nouveau continent, Vélasquez avait, pour

Van Gogh du moins, donné son nom à une découverte dans le monde de la lumière.

Van Gogh mangeait alors dans de petits restaurants du centre d'Arles. Les murs étaient souvent sombres, les volets clos, et le soleil dehors éclatant. Un jour, il expliqua par écrit à son frère qu'il était tombé sur quelque chose d'absolument vélasquien : « Ce restaurant où je suis est bien curieux, c'est entièrement gris. [...] C'est d'un gris Vélasquez déjà – comme dans *Les Fileuses* –, le rayon de soleil très mince et très violent à travers un store, comme celui qui traverse le tableau de Vélasquez n'y manque même pas. [...] Dans la cuisine une vieille femme et une grosse courte servante aussi en gris, noir, blanc [...] voilà ce que j'ai vu de vrai Vélasquez ici. »

C'était pour lui la marque de tout grand peintre de nous permettre de voir plus clairement certains aspects du monde. Si Vélasquez l'aidait à voir le gris et les rudes visages de grosses cuisinières, Monet l'aidait à voir les couchers de soleil, Rembrandt la lumière matinale et Vermeer les jeunes filles et les femmes d'Arles (« Un vrai Van der Meer de Delft », expliqua-t-il à son frère après en avoir remarqué une près des arènes). Le ciel sur le Rhône après une forte averse lui rappelait Hokusai, les champs de blé, Millet, et les jeunes femmes des Saintes-Maries-de-la-Mer, Cimabue et Giotto.

3.
Mais heureusement pour ses ambitions artistiques, Van Gogh ne pensait pas que les peintres qui l'avaient précédé avaient capturé sur la toile tout ce qu'il y avait à voir dans le Midi. Beaucoup d'entre eux n'avaient, à son avis, pas du tout saisi l'essentiel. « Mon Dieu, s'exclama-t-il, j'ai vu des choses faites par certains peintres qui ne rendaient pas du tout justice au motif. J'ai beaucoup à faire ici. »

Personne n'avait, par exemple, capturé l'aspect particulier des Arlésiennes entre deux âges : « Il y a des femmes comme des Fragonard, et comme [des] Renoir. *Et ce que l'on ne peut pas caser dans ce qui a déjà été fait en peinture ?* [C'est moi qui souligne.] » Les peintres ne s'étaient guère intéressés non plus aux paysans qu'il voyait travailler dans les champs des environs : « Millet nous a rouvert les idées pour voir l'habitant de la nature. Mais on ne nous a pas encore peint l'être actuel méridional. » « A-t-on maintenant plus généralement appris à voir les paysans ? *Non*, presque personne ne sait en foutre un. »

La Provence qui accueillit Van Gogh en 1888 était un sujet de prédilection pour les peintres depuis plus d'un siècle. Parmi les plus connus il y avait eu Fragonard (1732-1806), Constantin (1756-1844), Bidault (1758-1846), Granet (1775-1849) et Aiguier (1814-1865). Tous étaient des peintres réalistes qui souscrivaient à l'idée classique, et jusque-là relativement peu contestée, qu'il leur fallait représenter fidèlement sur la toile le monde visible. Ils allaient dans la campagne et les montagnes de Provence et peignaient des images reconnaissables de cyprès et autres arbres, de prairies, de champs de blé, de nuages et de taureaux.

Pourtant Van Gogh soutenait que la plupart d'entre eux n'avaient pas su rendre justice à leurs sujets. Ils n'avaient pas, affirmait-il, produit des images réalistes de la Provence. On qualifie volontiers de « réaliste » tout tableau qui donne à voir avec quelque compétence les éléments essentiels de tel ou tel aspect du monde. Mais le monde est assez complexe pour que deux images réalistes du même objet paraissent très différentes, selon le style et le tempérament du peintre. Deux peintres réalistes peuvent s'installer devant la même oliveraie et produire des œuvres fort dissemblables. Toute image réaliste exprime un choix des aspects de la réalité qui sont mis en évidence : aucun tableau ne capture jamais *toute* la réalité, comme Nietzsche le faisait ironiquement remarquer :

Le Peintre réaliste

« Complètement fidèle à la nature ! » – quel mensonge :
Comment pourrait-on enfermer la nature dans une image ?
Le plus petit fragment de nature est infini !
Alors il peint ce qu'il aime en elle.
Et qu'aime-t-il ? Il aime ce qu'il sait peindre !

Et si nous aimons l'œuvre du peintre, c'est peut-être parce que nous estimons qu'il ou elle a choisi les aspects qui nous semblent les plus précieux dans un objet ou un paysage. Il y a des choix si pertinents qu'ils en viennent à définir un lieu, et nous ne pouvons plus y passer sans nous rappeler ce qu'un grand artiste y a vu.

De même, si nous nous plaignons de ce que, par exemple, un portrait de nous ne nous « ressemble » pas, nous n'accusons pas son auteur de perfidie. Nous avons simplement le sentiment que le processus de sélection qui existe dans toute œuvre d'art a mal fonctionné, et qu'on n'a pas rendu justice à des aspects de nous-mêmes que nous estimons appartenir à notre vrai moi. On pourrait définir le mauvais art comme une série de mauvais choix quant à ce qu'il convient de montrer et d'omettre.

Et omettre l'essentiel, tel était justement ce que reprochait Van Gogh à la plupart des artistes qui avaient « peint le Midi » jusqu'à son époque.

4.

Il y avait un grand livre sur lui dans la chambre d'hôte, et comme je n'arrivais pas à dormir, cette première nuit, j'en lus plusieurs chapitres et finis par m'endormir, le livre ouvert sur le ventre, au moment où la lueur rose de l'aube apparaissait dans un coin de la fenêtre.

Je me réveillai tard, et un petit mot de mes hôtes m'apprit qu'ils étaient allés à Saint-Rémy et seraient de retour pour midi. Le petit déjeuner était servi sur une table en fer sur la terrasse et j'avalai rapidement et un peu honteusement trois pains au chocolat, tout en guettant du coin de l'œil la venue d'une bonne qui, j'en avais peur, pourrait parler d'une manière peu flatteuse de ma gourmandise à ses employeurs.

Le ciel était clair et le mistral soufflait, agitant les épis de blé dans un champ voisin. Je m'étais tenu là la veille, mais ce n'était que maintenant que je remarquais qu'il y avait deux grands cyprès au fond du jardin – une découverte qui n'était pas sans rapport avec le chapitre, que j'avais lu durant la nuit, où il était question de la façon dont Van Gogh les voyait et les représentait. Il avait fait une série d'études de cyprès en 1888 et 1889. « Les cyprès me préoccupent toujours, écrivit-il à son frère [...] cela m'étonne qu'on ne les ait pas encore faits comme je les vois. C'est beau, comme lignes et comme proportions, comme un obélisque égyptien. Et le vert est d'une qualité si distinguée. C'est la tache *noire* dans un paysage ensoleillé, mais [c'est] une des notes noires les plus intéressantes, les plus difficiles à taper juste, que je puisse imaginer. »

Que remarquait-il donc en eux que les autres n'avaient pas remarqué ? En partie, la façon dont ils bougent dans le vent. J'allai au fond du jardin et observai, grâce à certaines œuvres (*Cyprès* et *Champ de blé*

Vincent Van Gogh, *Cyprès*, 1889

avec cyprès de 1889 en particulier), leur comportement spécial dans le mistral.

Il y avait à cela des raisons d'ordre structurel. Contrairement aux branches du sapin qui descendent doucement du haut de l'arbre vers le sol, celles du cyprès semblent jaillir du sol vers le ciel. Le tronc est très court et on ne voit guère que des branches et des feuilles. Le tronc d'un chêne reste immobile dans le vent, mais le cyprès plie et de plus, à cause de la façon dont les branches poussent en de nombreux points autour du tronc, il semble plier dans différentes directions à la fois. De loin, le manque de synchronisme de ses mouvements donne l'impression qu'il est agité par plusieurs rafales de vent soufflant dans tous les sens. Avec sa forme conique allongée (les cyprès ont rarement plus d'un ou deux mètres de diamètre), il prend l'aspect d'une flamme qui paraît danser nerveusement dans le vent. Tout cela, Van Gogh le remarqua et voulut le faire voir aux autres.

Quelques années après le séjour du peintre en Provence, Oscar Wilde dit qu'il n'y avait pas eu de brouillard à Londres avant que Whistler ne le peigne. Il y avait certainement eu moins de cyprès en Provence avant que Van Gogh ne les peigne.

On y avait aussi moins remarqué les oliviers. La veille, je n'avais vu en eux que des espèces de buissons rabougris, mais dans *Oliviers avec ciel jaune et soleil* et *Oliveraie : ciel orange* de 1889, Van Gogh avait fait ressortir – c'est-à-dire, mis en évidence pour nous – la forme de leurs troncs et de leurs feuilles.

Je remarquais maintenant en eux un aspect anguleux que je n'avais pas su voir ; ils ressemblaient à des tridents qu'on eût lancés d'une grande hauteur dans le

Vincent Van Gogh, *Champ de blé avec cyprès*, 1889

sol. Il y avait aussi une certaine agressivité dans leurs branches, comme si c'étaient des bras repliés prêts à frapper. Et alors que les feuilles de tant d'arbres faisaient penser à de la laitue flasque qu'on eût déversée sur des branches nues, celles des oliviers, raides et argentées, donnaient une impression de vigueur et d'énergie contenue.

Je commençais à remarquer aussi, après Van Gogh, qu'il y a quelque chose d'inhabituel dans les couleurs provençales. Il y a à cela des raisons climatiques. Le mistral, soufflant du nord le long de la vallée du Rhône, chasse régulièrement les nuages et les brumes du ciel, qui vire alors au bleu profond et pur, sans aucune trace de blanc. En même temps, un haut niveau hydrostatique et une bonne irrigation favorisent une vie végétale singulièrement riche pour un climat méditerranéen. Sans pénuries d'eau risquant d'affecter sa croissance, la végétation bénéficie pleinement des grands avantages du Sud : la lumière et la chaleur. Mais comme l'air est sec, il n'y a, contrairement à ce qui se passe sous les tropiques, pas d'humidité pour atténuer et fondre les couleurs des arbres, des fleurs et des plantes. Tout cela, ciel dégagé, air sec, eau et riche végétation, fait que ce sont les couleurs franches et contrastées qui dominent en Provence.

Les peintres avant Van Gogh avaient eu tendance à ignorer ces contrastes et à peindre seulement en tons harmonieux, comme Claude Lorrain et Poussin leur avaient appris à le faire. Constantin et Bidault avaient, par exemple, toujours peint la Provence en subtiles gradations de bleu et brun doux. Van Gogh était indigné qu'on fasse si peu de cas des couleurs naturelles du pays. « Monticelli [un peintre qu'il admirait] a fait le Midi en plein jaune, en plein orangé, en plein soufre. La plupart des peintres, parce qu'ils ne sont pas coloristes proprement dits, n'y voient pas ces couleurs et prétendent fou le peintre qui voit avec d'autres yeux que les leurs. » Alors il abandonna leur technique de clair-obscur et couvrit ses toiles de couleurs franches, en les combinant toujours de façon à obtenir le plus grand contraste : le rouge avec le vert, le jaune avec le violet, le bleu avec l'orangé. « La couleur ici est vraiment très belle, écrivit-il à sa sœur. Quand le vert est frais, c'est un vert riche comme on en voit rarement dans le Nord [...]. Quand il est roussi et poussiéreux, il ne devient pas laid pour autant, car le paysage prend alors des tons dorés de toutes les nuances : or vert, or jaune, or rose [...]. Quant au bleu, il va du bleu roi le plus profond dans l'eau jusqu'au bleu du myosotis, au cobalt, surtout au bleu clair transparent, au bleu vert, au bleu violet. »

Mes yeux s'habituaient à voir dans ce qui m'entourait les couleurs qui dominaient dans ses toiles. Partout je voyais des couleurs franches et contrastées. À côté de la maison il y avait un champ de lavande violet près d'un champ de blé jaune vif. Les toits des bâtiments étaient des taches orange sur un pur ciel bleu. Des prés verts étaient parsemés de coquelicots rouges et bordés de lauriers-roses.

Ce n'était pas seulement le jour qui offrait une abondance de couleurs. Van Gogh peignit aussi les couleurs de la nuit. Jusque-là les peintres en Provence s'étaient contentés, pour représenter un ciel nocturne, de mettre des points blancs sur un fond noir. Pourtant quand on regarde le ciel provençal par une nuit claire, loin des lumières de la ville, on remarque qu'il révèle aussi une profusion de couleurs : entre les étoiles il paraît « coloré des violets, des bleus et des verts les plus intenses », tandis que les étoiles elles-mêmes ont des teintes jaune clair, orange ou vertes et diffusent des halos de lumière

Vincent Van Gogh, *Oliveraie*, 1889

bien au-delà de leur minuscule circonférence. Comme Van Gogh l'expliqua à sa sœur : « Souvent il me semble que la nuit est encore plus richement colorée que le jour [...]. Lorsque tu y feras attention tu verras que certaines étoiles sont citronnées, d'autres ont des feux roses, verts, bleus, myosotis. Et sans insister davantage il est évident que pour peindre un ciel étoilé il ne suffi[t] point du tout de mettre des points blancs sur du bleu-noir. »

5.
L'office de tourisme d'Arles se trouve dans un bâtiment moderne d'aspect quelconque, dans le quartier sud-ouest de la ville. Il offre aux visiteurs ce qu'offre habituellement un office de tourisme : des plans gratuits et des renseignements sur l'hébergement, les événements culturels, les gardes d'enfants, les dégustations de vins, la pratique du canoë-kayak, les ruines antiques et les marchés. Mais une attraction est mise au tout premier plan. « Bienvenue au pays de Van Gogh », proclame un poster représentant les fameux tournesols dans le hall, tandis que les murs, à l'intérieur, sont ornés d'images de moisson, d'oliviers et de vergers signées Vincent.

L'office recommande tout particulièrement ce qu'il appelle un « circuit Van Gogh ». À l'occasion du centième anniversaire de sa mort, en 1990, on décida d'honorer sa mémoire en plaçant une série de panneaux – fixés sur des poteaux métalliques ou des plaques de pierre – devant les lieux qu'il avait peints. On y voit des photos des œuvres correspondantes, accompagnées de quelques lignes de commentaire. On les trouve en ville et dans la campagne environnante, jusqu'à Saint-Rémy-de-Provence, où, après l'incident de l'oreille

Vincent Van Gogh, *La Maison jaune, Arles*, 1888

coupée, Van Gogh passa le reste de son séjour provençal à la Maison de santé.

Je persuadai mes hôtes de passer un après-midi à suivre ce circuit, et donc nous allâmes chercher une carte à l'office de tourisme. Par chance nous apprîmes qu'une visite guidée hebdomadaire allait bientôt commencer et qu'il y avait encore des places disponibles pour un prix modique. Nous nous joignîmes à une douzaine d'autres enthousiastes et fûmes d'abord conduits place Lamartine par une jeune femme qui nous dit qu'elle s'appelait Sophie et qu'elle préparait une thèse sur Van Gogh à la Sorbonne.

Au début du mois de mai 1888, trouvant son hôtel trop cher, Van Gogh avait loué l'aile droite d'une bâtisse au n° 2, place Lamartine, connue sous le nom de « Maison jaune ».

C'était une moitié d'un bâtiment à double façade, « peint en jaune dehors, blanchi à la chaux à l'intérieur ». Van Gogh se passionna pour son aménagement. Il le voulait simple et solide, aux couleurs du Midi : rouge, vert, bleu, orange, soufre et lilas. « Je veux réellement en faire *une maison d'artiste*, mais non pas précieuse, au contraire *rien de précieux*, mais tout, depuis la chaise jusqu'au tableau, ayant du caractère, expliqua-t-il à Théo. Aussi pour les lits, j'ai pris des lits du pays, de larges lits à deux places au lieu des lits de fer. Cela donne un aspect de solidité, de durée, de calme. » Une fois l'aménagement terminé, il écrivit tout heureux à sa sœur : « Ma maison ici est peinte en dehors en jaune beurre frais à volets vert cru, et elle est en plein soleil sur la place où il y a un jardin vert, de platanes, de lauriers-roses, d'acacias. En dedans elle est toute blanchie à la chaux et le sol est en briques rouges. Et le ciel bleu intense dessus. Là-dedans je peux vivre et respirer, moi, et réfléchir et peindre. »

Le « circuit Van Gogh », Saint-Rémy-de-Provence

Malheureusement Sophie n'avait pas grand-chose à nous montrer, car la Maison jaune avait été détruite pendant la Seconde Guerre mondiale et remplacée par un foyer d'étudiants qui n'avait pas l'air bien grand à côté d'un Monoprix géant. Alors nous allâmes à Saint-Rémy et passâmes plus d'une heure dans la campagne autour de l'asile où Van Gogh avait vécu et peint. Sophie avait un grand album plastifié qui contenait des reproductions de ses principaux tableaux provençaux, et souvent elle nous en montrait une là où il avait travaillé et nous la comparions avec ce que nous avions sous les yeux. À un moment, tournant le dos aux Alpilles, elle nous montra *Oliviers avec les Alpilles dans le fond* (juin 1889) et nous admirâmes à la fois le paysage et la version picturale de Van Gogh.

Mais il y eut un moment de désaccord dans le groupe. À côté de moi, un Australien coiffé d'un grand chapeau dit à sa compagne, une petite femme aux cheveux en bataille : « Ça n'y ressemble pas tant que ça... »

Van Gogh avait craint qu'on ne lui fît ce genre de reproche. Il écrivit à sa sœur : « [...] certaines gens disent : "ça fait trop bizarre, vraiment !" sans parler de ceux qui trouvent que "c'est rien du tout" ou que "c'est affreux". » Les raisons d'un tel jugement n'étaient pas difficiles à trouver. Les murs de ses maisons n'étaient pas toujours d'aplomb, le soleil n'était pas toujours jaune ni l'herbe verte, il y avait un mouvement excessif dans certains de ses feuillages. « Je me suis un peu foutu de la vérité de la couleur », avoua-t-il une fois, et il prenait les mêmes libertés avec les proportions et les traits, les ombres et les tons.

Mais en agissant ainsi, il ne faisait que rendre plus évident ce que font nécessairement tous les artistes, à savoir choisir quels aspects de la réalité inclure dans l'œuvre et lesquels laisser de côté. Comme Nietzsche le savait bien, la réalité est infinie et ne peut jamais être totalement représentée dans l'art. Ce qui distinguait Van Gogh des autres peintres du Midi, c'était son choix de ce qui lui paraissait important. Un peintre comme Constantin s'était évertué à respecter les proportions. Van Gogh, quoique passionnément désireux de produire quelque chose de « ressemblant », affirmait que ce n'était pas en se souciant de proportions qu'il parviendrait à exprimer ce qui était important dans le Midi ; il fallait que ce soit ressemblant, mais, comme il l'écrivit ironiquement à sa sœur, « d'une autre ressemblance que celle du pieux photographe ». Le fragment de réalité qu'il voulait peindre nécessitait parfois quelque distorsion, omission ou substitution de couleurs pour être mis en évidence, mais c'était quand même le réel – la « ressemblance » – qui l'intéressait. Il était disposé à sacrifier un réalisme naïf pour atteindre un réalisme plus profond, se comportant ainsi comme un poète qui, bien que moins prosaïque qu'un journaliste dans sa description d'un événement, peut néanmoins révéler des vérités à son sujet qui n'ont guère de place dans l'approche factuelle du journaliste.

Van Gogh s'étendit sur cette idée dans une lettre à son frère (septembre 1888), à propos d'un portrait qu'il projetait de faire : « Car au lieu de chercher à rendre exactement ce que j'ai devant les yeux, je me sers de la couleur plus arbitrairement pour m'exprimer fortement. [...] Je vais te donner un exemple de ce que je veux dire. Je voudrais faire le portrait d'un ami artiste, qui rêve de grands rêves, qui travaille comme le rossignol chante, parce que c'est sa nature. Cet homme sera blond. *Je voudrais mettre dans le tableau mon appréciation, mon amour que j'ai pour lui* [c'est moi qui souligne]. Je le peindrai donc tel quel, aussi fidèlement que je pourrai, pour commencer. Mais le tableau n'est pas fini ainsi. Pour le finir je vais maintenant être coloriste arbitraire. J'exagère le blond de la chevelure, j'arrive aux tons orangés, aux chromes, au citron pâle. Derrière la tête, au lieu de peindre le mur banal du mesquin appartement, je peins l'infini, je fais un fond simple du bleu le plus riche, le plus intense que je puisse confectionner, et par cette simple combinaison, la tête blonde éclairée sur ce fond bleu riche, obtiens un effet mystérieux comme l'étoile dans l'azur profond. [...] Ah, mon cher frère... et les bonnes personnes ne verront dans cette exagération que de la caricature. »

Un peu plus tôt, il avait commencé une autre « caricature » : « Je vais aujourd'hui probablement commencer l'intérieur du café où je loge, le soir au gaz, avait-il écrit à son frère. C'est ce qu'on appelle un "café de nuit" (ils sont assez fréquents ici) qui restent ouverts toute la nuit. Les "rôdeurs de nuit" peuvent y trouver un asile donc, lorsqu'ils n'ont pas de quoi se payer un logement ou qu'ils sont trop soûls pour y être admis. » En peignant ce qui allait devenir *Le Café de nuit à Arles*, il abandonna certains éléments de la « réalité » pour mieux en mettre d'autres en valeur. Il ne reproduisit pas la perspective ni les couleurs réelles du café, ses lampes se métamorphosèrent en champignons luisants, les chaises firent le gros dos, le plancher se déforma. Il désirait pourtant toujours exprimer des idées véridiques sur ce lieu, des idées qui eussent peut-être été moins bien exprimées s'il avait dû suivre les règles classiques de l'art pictural.

6.
Les critiques du genre de celles que formulait l'Australien étaient rares dans le groupe. L'exposé itinérant de Sophie inspira à la plupart d'entre nous une vive admiration à la fois pour Van Gogh et pour les paysages

qu'il avait peints. Mais mon enthousiasme était troublé par le souvenir d'une réflexion exceptionnellement acerbe que Pascal avait notée plusieurs siècles avant le séjour de Van Gogh dans le Midi :

Quelle vanité que la peinture, qui attire l'admiration par la ressemblance des choses dont on n'admire pas les originaux.

Pensées

Il était vrai – d'où mon trouble – que je n'avais guère admiré la Provence avant de la voir représentée dans les œuvres de Van Gogh. Mais dans son désir de se gausser des amateurs d'art, Pascal avait couru le risque de négliger deux points importants. Admirer un tableau qui représente une chose qu'on connaît mais n'aime pas semble absurde et prétentieux si l'on imagine que tout ce que fait un peintre, c'est reproduire exactement ce qu'il voit. S'il en était ainsi, tout ce qu'on admirerait dans un tableau, ce serait l'habileté technique qu'il faut pour reproduire un objet et le nom prestigieux d'un peintre, et alors il ne serait pas très difficile d'approuver le jugement de Pascal sur la peinture. Mais, comme le savait Nietzsche, les peintres ne font pas que reproduire. Ils choisissent et mettent en valeur, et ils sont sincèrement admirés dans la mesure où leur version de la réalité semble en faire ressortir les aspects les plus précieux.

De plus, on ne redevient pas nécessairement indifférent à un lieu une fois qu'on n'a plus sous les yeux la représentation qu'on a admirée, comme semble l'insinuer Pascal. Notre capacité d'appréciation peut se reporter de l'art vers le monde réel. Nous pouvons voir d'abord sur la toile des choses qui nous enchantent, puis les apprécier plus tard là où le tableau fut peint.

Nous pouvons continuer à voir des cyprès loin des œuvres de Van Gogh.

7.
La Provence n'était pas le seul endroit que j'eusse commencé à apprécier et voulu explorer grâce à des œuvres d'art. J'avais visité les zones industrielles d'Allemagne après avoir vu *Alice dans les villes* de Wim Wenders. Les photos d'Andreas Gursky m'avaient donné un certain goût pour les dessous de ponts routiers. Le documentaire de Patrick Keiller *Robinson in Space* m'avait incité à aller voir les usines, les centres commerciaux et les parcs d'activités du sud de l'Angleterre.

En reconnaissant ouvertement qu'un paysage peut devenir plus attrayant pour nous une fois que nous l'avons vu représenté par un grand artiste, l'office de tourisme d'Arles ne faisait qu'exploiter un rapport ancien entre l'art et le désir de voyager, rapport évident dans divers pays (et différents domaines artistiques) dans toute l'histoire du tourisme. Peut-être en trouve-t-on le premier et le plus remarquable exemple dans la Grande-Bretagne de la seconde moitié du XVIIIe siècle.

Les historiens nous apprennent que des régions entières de l'Angleterre, de l'Écosse et du pays de Galles ne furent guère appréciées avant cette époque. Des sites naturels qui furent alors jugés incontestablement beaux (la vallée de la Wye, les Highlands d'Écosse, la région des Lacs) étaient traités depuis des siècles avec indifférence ou même dédain. Daniel Defoe, voyageant dans la région des Lacs vers 1720, la qualifia de « désolée et effrayante ». Dans son *Voyage aux îles occidentales de l'Écosse*, Samuel Johnson écrivit que les Highlands étaient « âpres », pitoyablement dépourvus de « décoration végétale », « une vaste étendue désespérément stérile ». À Glenshiel, son ami Boswell tenta d'adoucir son jugement en lui faisant remarquer qu'une montagne semblait être d'une hauteur impressionnante, mais Johnson répliqua avec humeur : « Non, ce n'est rien de plus qu'une grosse protubérance. »

Ceux qui pouvaient se permettre de voyager allaient à l'étranger. L'Italie était la destination favorite, en particulier Naples, Rome et la campagne environnante. Ce n'était sans doute pas un hasard si ces lieux figuraient très souvent dans les œuvres d'art qu'appréciait le plus l'aristocratie britannique : la poésie de Virgile et d'Horace et les tableaux de Poussin et de Claude Lorrain. Ces tableaux représentaient la campagne romaine et la côte napolitaine, souvent à l'aube ou au crépuscule ; il y avait dans le ciel quelques nuages floconneux aux contours rose et or. On imaginait que ç'allait être, ou avait été, une journée très chaude. Tout semblait calme, le silence n'étant troublé que par le murmure d'un ruisseau rafraîchissant ou un bruit de rames dans l'eau d'un lac. Quelques bergères pouvaient folâtrer dans un champ, garder des moutons ou s'occuper d'un enfant aux cheveux d'or. En regardant de telles images dans la campagne anglaise pluvieuse, beaucoup devaient rêver de traverser la Manche à la première occasion. Comme le fit remarquer Joseph Addison en 1712 : « Nous trouvons les œuvres de la Nature d'autant plus plaisantes qu'elles ressemblent davantage à celles de l'Art. »

Malheureusement pour les œuvres de la Nature britannique, pendant longtemps peu d'œuvres d'art s'en inspirèrent. Cependant au cours du XVIIIe siècle ce manque fut peu à peu comblé, et avec une troublante simultanéité la répugnance des Britanniques à voyager dans leurs propres îles fut surmontée. En 1727, James Thomson publia son poème *Les Saisons*, qui célébrait la vie rustique et les paysages du sud de l'Angleterre. Son succès contribua à faire connaître les œuvres d'autres « poètes paysans » tels que Stephen Duck, Robert Burns et John Clare. Les peintres aussi commencèrent à s'intéresser à leur pays. Lord Shelburne commanda une série de paysages à Thomas Gainsborough et à George Barrett pour son château de Bowood dans le Wiltshire, en proclamant son intention de « fonder une école anglaise du paysage ». Richard Wilson alla peindre la Tamise près de Twickenham, Thomas Hearne peignit Goodrich Castle, Philip James de Loutherbourg Tintern Abbey et Thomas Smith la région des lacs Derwentwater et Windermere.

À peine ce processus fut-il engagé que le nombre de gens voyageant en Grande-Bretagne explosa. Pour la première fois, la vallée de la Wye fut envahie par les touristes, ainsi que les montagnes du nord du pays de Galles, la région des Lacs et les Highlands, ce qui semble confirmer parfaitement la théorie selon laquelle nous avons tendance à aller voir tel ou tel coin du monde seulement une fois que des artistes l'ont évoqué dans leurs œuvres picturales ou écrites.

Ce qui est certes très exagéré, aussi exagéré que de suggérer que personne n'a prêté attention au brouillard londonien avant Whistler ou aux cyprès provençaux avant Van Gogh. L'art ne peut créer à lui seul l'enthousiasme, ni toucher vraiment ceux qui n'ont pas une âme d'artiste ; il contribue simplement à l'enthousiasme et nous aide à être plus conscients de sentiments que nous n'avons peut-être éprouvés auparavant que d'une façon hésitante ou hâtive.

Mais cela peut – comme semblait le comprendre l'office de tourisme d'Arles – suffire pour nous influencer lorsqu'il s'agit de décider où aller l'année prochaine.

Vincent Van Gogh, *Coucher de soleil : champs de blé près d'Arles*, 1888

VIII

DE LA POSSESSION DE LA BEAUTÉ

La région des Lacs

| Lieux | *Madrid service* | *Amsterdam* | *La Barbade* | *Les quais de Londres* |

| Guide | *John Ruskin* |

1.
Parmi tous les lieux où nous allons mais que nous ne regardons pas vraiment ou qui nous laissent indifférents, certains nous font une si forte impression qu'ils nous obligent à leur prêter attention. Ils possèdent une qualité qu'on pourrait appeler gauchement « beauté », mais qui n'implique pas nécessairement de la joliesse ni aucune des caractéristiques évidentes que les guides de voyage associent aux beaux sites. Parler de beauté pourrait simplement être une autre façon de dire qu'on aime un endroit.

J'avais vu beaucoup de belles choses pendant mes voyages. À Madrid, il y avait à quelques rues de mon hôtel un terrain vague entouré de divers bâtiments, des immeubles et une grande station-service orange avec un portique de lavage. Un soir, dans l'obscurité, un long train ultramoderne presque vide passa au-dessus de la station-service, à plusieurs mètres du toit, puis entre les immeubles à mi-hauteur. Sans le viaduc, invisible dans la nuit, il semblait flotter au-dessus de la terre, un exploit technologique que ses lignes futuristes et la lueur d'un vert spectral qui émanait de ses fenêtres rendaient plus vraisemblable. Les gens dans leurs appartements regardaient la télévision ou s'affairaient dans la cuisine, tandis que les rares passagers disséminés dans les wagons contemplaient la ville ou lisaient des journaux : c'était pour eux le début d'un voyage vers Séville ou Cordoue qui s'achèverait bien après que les lave-vaisselle se seraient arrêtés et que les téléviseurs se seraient tus. Les passagers du train ne prêtaient guère attention aux habitants des immeubles et réciproquement, leurs existences suivaient des chemins qui ne se croiseraient jamais, sauf un bref instant sur la rétine d'un observateur qui était sorti se promener pour échapper à la tristesse d'une chambre d'hôtel.

À Amsterdam, dans une cour, derrière une porte en bois, il y avait un vieux mur de brique qui, malgré le vent âpre qui soufflait le long des canaux, s'était lentement réchauffé au pâle soleil d'avril. J'avais sorti mes mains de mes poches et je les avais passées sur la surface irrégulière et rugueuse des briques. Elles semblaient légères et friables. J'avais eu envie de les embrasser, pour mieux sentir une texture qui me faisait penser à de la pierre ponce ou à du halva dans une épicerie libanaise.

À la Barbade, sur la côte orientale, j'avais contemplé l'horizon d'un océan violet foncé qui s'étendait sans rencontrer le moindre obstacle jusqu'aux côtes africaines. L'île avait soudain paru bien petite et vulnérable, et sa végétation théâtrale, fleurs sauvages roses et arbres touffus, avait paru constituer une touchante protestation contre la sobre monotonie de la mer. Et je me souvenais de la vue qu'on avait à l'aube de notre chambre d'auberge dans la région des Lacs : collines de tendre roche silurienne couvertes de belle herbe verte, au-dessus desquelles flottait un voile de brume. Ces collines ondulaient comme si elles formaient une partie de l'échine d'une bête géante qui s'était couchée pour dormir et pouvait à tout moment se réveiller et se dresser de toute son immense hauteur en se secouant pour se débarrasser des chênes et des haies prises comme des bouts de peluche dans son pelage vert.

2.
L'impulsion dominante, quand on rencontre la beauté, est le désir de la retenir : la posséder et lui donner de l'importance dans notre vie. On ressent d'avance l'envie de dire : « J'étais là, j'ai vu ceci et cela a compté pour moi. »

Mais la beauté est éphémère, on la trouve souvent dans des lieux où on ne reviendra peut-être jamais, ou bien elle résulte d'une rare conjonction entre la saison, la lumière et le temps qu'il fait. Comment alors la posséder, comment retenir le train aérien, les briques à texture de halva ou la vallée anglaise ?

L'appareil-photo fournit une réponse à cette question. Le fait de prendre des photos peut calmer le désir de possession suscité par la beauté d'un lieu ; notre crainte de perdre quelque chose de précieux peut diminuer à chaque déclic de l'obturateur. Ou bien on peut essayer d'imprimer physiquement sa marque sur un beau site, espérant peut-être ainsi le rendre plus présent en soi en se rendant plus présent en lui. À Alexandrie, devant la colonne de Pompée, on pourrait essayer de graver son nom dans le granit, à l'instar du fameux Thompson de Sunderland dont parle Flaubert (« Il n'y a pas moyen de voir la colonne sans voir le nom de Thompson, et par conséquent sans penser à Thompson. Ce crétin s'est incorporé au monument et se perpétue avec lui... Tous les imbéciles sont plus ou moins des Thompson de Sunderland »). Ou, plus modestement, on pourrait acheter quelque chose – un bol, une boîte laquée ou une paire de sandales (Flaubert acheta trois tapis au Caire) – pour se rappeler ce qu'on a perdu, comme on coupe une mèche de cheveux d'une amante ou d'un amant qui s'en va.

3.
John Ruskin est né à Londres en février 1819. Une partie essentielle de son œuvre allait tourner autour de la question de savoir comment on peut posséder la beauté des choses.

Dès son plus jeune âge il fut particulièrement sensible aux moindres détails du monde visuel. Il se souvint plus tard qu'à trois ou quatre ans il « pouvait passer des journées entières à observer les motifs et comparer les couleurs du tapis, à examiner les nœuds du bois dans les lattes du plancher ou compter les briques des maisons d'en face, avec des moments d'exaltation ravie ». Ses parents encouragèrent cette tendance. Sa mère le familiarisa avec la nature, son père, un riche importateur de xérès, lui lisait les œuvres classiques après le thé et l'emmenait tous les samedis au musée. Pendant les vacances d'été, la famille voyageait dans les îles Britanniques et en Europe continentale, non pour s'amuser ou se distraire, mais pour contempler la beauté, par quoi ils entendaient surtout la beauté des Alpes et des cités médiévales du nord de la France et de l'Italie, notamment Amiens et Venise. Ils voyageaient lentement en voiture à cheval, ne parcourant jamais plus de cinquante miles par jour, et s'arrêtaient souvent pour admirer le paysage – une façon de voyager à laquelle Ruskin allait rester fidèle toute sa vie.

Son intérêt pour la beauté et sa possession allait l'amener à formuler cinq idées essentielles sur la question : premièrement, que la beauté résulte d'un certain nombre de facteurs complexes qui affectent l'esprit psychologiquement et visuellement. Deuxièmement, que les êtres humains ont une tendance innée à admirer la beauté et à désirer la posséder. Troisièmement, qu'il existe de nombreuses formes inférieures de ce désir de possession, y compris le désir d'acheter des souvenirs et des tapis, de graver son nom sur des colonnes et de prendre des photos. Quatrièmement, qu'il y a une seule façon de posséder vraiment la beauté : en la *comprenant*, en prenant conscience des facteurs (psychologiques et visuels) qui la rendent possible. Et enfin, que la façon la plus efficace d'arriver à cette compréhension consciente est de tenter de décrire les belles choses à travers l'art, par l'écriture ou le dessin, qu'on se trouve avoir ou non le talent pour le faire.

4.
Entre 1856 et 1860, alors que l'agent de voyages anglais Thomas Cook emmenait pour la première fois des groupes de touristes britanniques dans les Alpes suisses, la préoccupation intellectuelle principale de Ruskin fut d'apprendre à dessiner aux gens : « L'art de dessiner, qui est plus véritablement important pour l'espèce humaine que l'art d'écrire et devrait être enseigné à tout enfant comme l'écriture, est si négligé et maltraité qu'il n'y a pas un homme sur mille, même parmi ceux qui prétendent l'enseigner, qui en connaisse les premiers principes. »

Pour commencer à réparer les dégâts, il publia deux livres, *Les Éléments du dessin* en 1857 et *Les Éléments de la perspective* en 1859 et donna une série de cours au Working Men's College de Londres, où il parla aux étudiants – pour la plupart des ouvriers cockneys – d'ombres, de couleurs, de proportions, de perspective et de composition. Les inscriptions à ces cours furent très nombreuses et les livres remportèrent un succès critique et commercial, ce qui le conforta dans son opinion que l'art du dessin ne devait pas être réservé à quelques-uns : « Chacun a la faculté d'apprendre à dessiner d'une façon satisfaisante s'il le désire, comme presque tout le monde a la faculté d'apprendre suffisamment le français, le latin ou l'arithmétique pour en retirer quelque bénéfice. »

Mais pourquoi dessiner ? Ruskin ne voyait rien de paradoxal dans le fait de souligner que cela n'avait rien à voir avec le désir de *bien* dessiner ou de devenir un artiste. « Un homme naît artiste comme un hippopotame naît hippopotame, et on ne peut pas plus *faire* de soi un artiste qu'on ne peut faire de soi une girafe. » Cela ne le gênait pas que ses étudiants des quartiers populaires fussent incapables, après avoir suivi ses cours, de dessiner quelque chose qu'on pût exposer dans un musée : « Mes efforts ne tendent pas à faire d'un charpentier un artiste, mais à le rendre plus heureux en tant que charpentier », dit-il aux membres d'une Commission royale en 1857. Il se plaignait d'être lui-même un artiste peu talentueux. Il disait sarcastiquement de ses dessins d'enfant : « Je n'en ai jamais vu de semblables qui révélassent si peu d'aptitude innée ou de mémoire visuelle. Je ne pouvais littéralement rien dessiner, ni chat, ni souris, ni bateau, ni pinceau. »

Si cette activité a de la valeur même quand elle est pratiquée par des gens sans talent, c'est selon lui parce que le dessin peut nous apprendre à voir : à remarquer plutôt que regarder. En recréant avec notre propre main ce que nous avons sous les yeux, nous passons naturellement d'une vague contemplation de la beauté à une situation dans laquelle nous acquérons une profonde compréhension de ce qui la constitue, et pouvons donc mieux nous en souvenir. Un ouvrier qui avait étudié au Working Men's College rapporta ainsi ce que Ruskin leur avait dit, à ses camarades et lui, à la fin de leur série de cours : « Maintenant rappelez-vous, messieurs, que je n'ai pas essayé de vous apprendre à dessiner, mais seulement à *voir*. Deux hommes traversent un marché ; l'un d'eux n'est pas plus avancé quand il en sort que quand il y est entré, l'autre remarque quelques brins de persil qui pendent par-dessus le bord du panier d'une marchande de beurre, et emporte avec lui des images de beauté qu'il incorporera à son travail quotidien pendant de nombreuses journées. Je veux que vous voyiez de telles choses. »

Ruskin s'affligeait de ce qu'on remarquât si rarement les détails. Il déplorait la cécité et la hâte des touristes modernes, surtout ceux qui s'enorgueillissaient de « faire » l'Europe en train en une semaine (un service que Thomas Cook fut le premier à proposer, en 1862) : « Ce n'est certes pas en allant d'un lieu à un autre à cent miles à l'heure que nous deviendrons plus forts, plus heureux ou plus sages. Il y a toujours eu plus de choses dans le monde que les hommes n'en pouvaient voir, si lentement qu'il leur plût de marcher ; ils ne les verront pas mieux en allant vite. Les choses réellement précieuses sont la pensée et la vue, non la vitesse. Cela ne fait aucun bien à une balle de fusil d'aller vite ; et à un homme, s'il est vraiment un homme, aucun mal d'aller lentement ; car sa gloire n'est point du tout dans le mouvement, mais dans l'être. »

Le fait qu'on nous jugerait bizarres et peut-être même dangereux si nous nous arrêtions pour regarder un objet aussi longtemps qu'il faudrait à un artiste pour le dessiner donne la mesure de notre manque habituel d'attention aux choses. Dix minutes au moins d'intense concentration sont nécessaires pour dessiner un arbre ; or le plus bel arbre retient rarement l'attention d'un passant pendant plus d'une minute.

Ruskin associait le désir de voyager vite et loin à une inaptitude à retirer un plaisir suffisant d'un lieu donné et, par extension, de détails tels que des brins de persil pendant par-dessus le bord d'un panier. Dans un moment d'irritation particulièrement vive contre l'industrie touristique, il admonesta en ces termes une assemblée de riches industriels à Manchester en 1864 : « Votre *seule* conception du plaisir est de voyager en wagon de chemin de fer. Vous avez construit un pont ferroviaire au-dessus de la cascade de Schaffhouse, vous avez creusé des tunnels dans les falaises de Lucerne près de la chapelle de Guillaume Tell, vous avez détruit la rive du lac de Genève à Clarens... Il n'y a pas une seule vallée paisible en Angleterre que vous n'ayez emplie de feu mugissant, ni une seule ville étrangère que votre présence envahissante n'ait marquée d'une lèpre blanche de nouveaux hôtels. Vous considérez les Alpes elles-mêmes comme des mâts savonnés dans une foire, auxquels vous grimpez et du haut desquels vous vous laissez glisser avec des "cris de joie" ! »

Le ton était hystérique, mais le dilemme était réel. La technologie peut faciliter l'accession à la beauté, mais elle n'a pas simplifié la manière de la posséder ou de l'apprécier.

Qu'a donc de si pernicieux l'appareil photo ? Rien, pensa d'abord Ruskin. « Parmi tous les poisons mécaniques que ce terrible XIXe siècle a déversés sur nous, il nous aura au moins donné *un* antidote », écrivit-il au sujet de l'invention de Louis-Jacques Mandé en 1839. À Venise, en 1845, il utilisa un daguerréotype à maintes reprises et fut ravi des résultats obtenus. Il écrivit à son père : « Les daguerréotypes pris dans cette lumière éclatante sont magnifiques. C'est presque la même

John Ruskin, *Étude d'une plume de gorge de paon*, 1873

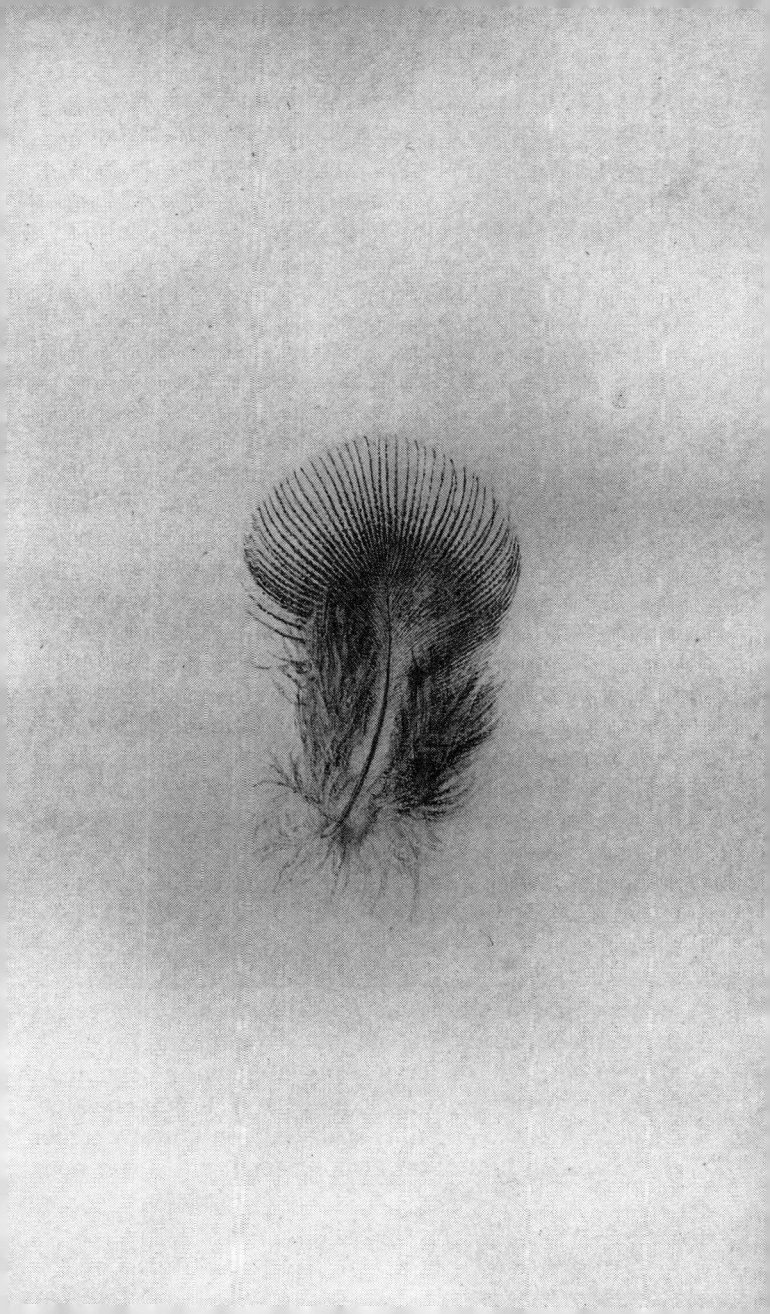

chose que d'emporter le palais lui-même avec soi – le moindre fragment de pierre, la moindre tache sont là –, et bien sûr il ne peut pas y avoir d'erreur de proportions. »

Mais son enthousiasme diminua lorsqu'il se rendit compte du problème diabolique que la photographie créait pour la plupart de ses adeptes. Au lieu de l'utiliser pour enrichir une vision active et consciente, ils s'en remettaient à elle et prêtaient moins attention au monde qu'ils ne l'avaient fait auparavant, convaincus qu'elle leur en assurait automatiquement la possession.

En expliquant son amour du dessin (il allait rarement quelque part sans dessiner quelque chose), Ruskin dit un jour qu'il ne venait pas d'un désir de « rechercher la renommée, le bien d'autrui ou [son] propre avantage, mais d'une sorte d'instinct *comme celui de manger ou de boire* ». Ce qui relie ces trois activités, c'est qu'elles impliquent toutes une assimilation par le moi d'éléments désirables, un transfert de bonnes choses du dehors vers le dedans. Enfant, Ruskin avait tellement aimé l'aspect de l'herbe qu'il avait souvent eu envie d'en manger, dit-il, mais il avait peu à peu découvert qu'il valait mieux essayer de la dessiner : « Je m'étendais dessus et dessinais chaque brin – jusqu'à ce que chaque pied carré de prairie, ou de talus moussu, devienne [c'est moi qui souligne] ma *possession*. »

Mais la photographie seule ne peut assurer une telle assimilation. La vraie possession d'une chose vue nécessite un effort conscient pour remarquer ses éléments et comprendre leur construction. On peut certes percevoir la beauté en ouvrant simplement les yeux, mais la durée de sa survie dans la mémoire dépend du degré d'attention avec lequel on l'a appréhendée. L'appareil-photo brouille la distinction entre regarder et remarquer, entre voir et posséder ; sans doute nous laisse-t-il la possibilité d'une vraie connaissance, mais il peut faire paraître superflu l'effort nécessaire pour l'acquérir. Il suggère qu'on a fait tout le travail rien qu'en prenant une photo, alors qu'assimiler vraiment une chose ou un lieu, un paysage boisé par exemple, implique qu'on se pose une série de questions telles que : « Comment les troncs sont-ils reliés aux racines ? D'où vient la brume ? Pourquoi un arbre paraît-il plus sombre qu'un autre ? » – questions qui, implicitement, sont posées et reçoivent une réponse lorsqu'on dessine.

5.
Encouragé par la conception démocratique qu'avait Ruskin du dessin, je m'y étais essayé pendant mes voyages. Pour le choix des sujets, il semblait raisonnable d'être guidé par le désir de posséder la beauté qui m'avait précédemment incité à utiliser mon appareil-photo. Comme avait dit Ruskin : « Votre art doit être l'éloge d'une chose que vous aimez ; cela peut n'être qu'un coquillage ou une pierre. »

J'avais décidé de dessiner la fenêtre de notre chambre à l'auberge *The Mortal Man* parce que je l'avais sous les yeux et qu'elle semblait jolie par une belle matinée d'automne. Le résultat avait été un désastre prévisible mais instructif. L'acte de dessiner un objet, si mal que ce soit, nous fait rapidement passer d'une vague notion de l'aspect qu'il offre à une conscience exacte de ses éléments constitutifs et de ses particularités. Ainsi « une fenêtre » s'avère être constituée d'une série de traverses, montants et croisillons maintenant le vitrage en place, d'arêtes et de dentelures (l'auberge était de style ancien), de douze vitres qui peuvent paraître carrées mais qui sont en fait légèrement – le détail a son importance – rectangulaires, de peinture blanche qui n'a pas l'air vraiment blanche mais gris cendré, gris-brun, jaune, mauve ou vert pâle selon la lumière et le rapport entre celle-ci et l'état du bois (en haut et à gauche de la fenêtre, une trace d'humidité donnait une teinte rose à la peinture). Et le verre n'est pas totalement transparent, il comporte d'infimes imperfections, de minuscules bulles d'air comme une boisson gazeuse gelée – et sur la surface de celui-là on pouvait voir des traces de gouttes de pluie séchées et celles qu'avaient laissées les coups de chiffon impatients d'un laveur de carreaux.

L'acte de dessiner révèle brusquement notre cécité antérieure à l'aspect réel des choses. Prenons le cas des arbres : dans un passage des *Éléments du dessin*, Ruskin souligne, en s'aidant de ses propres illustrations, la différence entre la façon dont on imagine habituellement les branches d'un arbre avant de les avoir dessinées et la façon dont elles apparaissent une fois qu'on les a regardées attentivement en les reproduisant à l'aide d'un carnet et d'un crayon. « Elles ne poussent pas d'une manière arbitraire et anarchique, mais ressemblent plutôt aux jets d'une fontaine. C'est-à-dire que la structure générale d'un arbre n'est pas celle de la figure 1*a* mais celle de la figure 1*b*, dans laquelle les branches et leurs ramifications s'organisent en une forme circulaire ; et la structure de chaque branche n'est pas celle de la figure 2*a* mais celle de la figure 2*b*, c'est-à-dire approximativement celle d'un brocoli. »

Branches, croquis de John Ruskin dans *Les Éléments du dessin*, 1857

J'avais vu beaucoup de chênes dans ma vie, mais ce ne fut qu'après avoir passé une heure à en dessiner un dans la vallée Langdale (le résultat eût fait honte à un bambin) que je commençai à apprécier, et garder en mémoire, leur caractère spécifique.

6.
Un autre avantage que peut conférer le dessin, c'est une meilleure compréhension des raisons pour lesquelles on aime tel ou tel paysage ou édifice. Nous trouvons des explications à nos goûts, nous acquérons une « esthétique », une aptitude à exprimer des jugements sur la beauté et la laideur. Nous déterminons plus précisément ce qui fait défaut dans un édifice que nous n'aimons pas et ce qui contribue à la beauté de celui que nous aimons. Nous analysons plus rapidement un paysage qui nous plaît et comprenons les raisons de son charme (« la combinaison de ce terrain calcaire et du soleil couchant », « la façon dont ce bosquet s'effile en descendant vers la rivière »). Nous passons d'un trop vague « J'aime ceci » à « J'aime ceci parce que... », et de là à une généralisation sur ce qui mérite d'être aimé. Nous prenons conscience, ne serait-ce que d'une façon exploratoire et hésitante, de certaines lois esthétiques : il vaut mieux que la lumière éclaire les objets de côté que d'en haut ; le gris va bien avec le vert ; pour qu'une rue donne une impression d'espace, les bâtiments qui la bordent ne doivent pas être plus hauts qu'elle n'est large.

Et, grâce à cette conscience, ce que nous voyons peut s'ancrer plus solidement dans notre mémoire. Il commence à paraître superflu de graver notre nom sur la colonne de Pompée. Le dessin nous permet, comme dit Ruskin, de « saisir le nuage qui s'estompe, la feuille qui tremble et les ombres mouvantes ».

Résumant ce qu'il avait tenté de faire pendant les quatre ans qu'il avait passés à enseigner le dessin et à écrire des livres sur le sujet, il expliqua qu'il avait été mû par un désir d'« attirer plus précisément l'attention des gens sur la beauté de l'œuvre de Dieu dans l'univers matériel ». Il peut être intéressant de citer *in extenso* un passage dans lequel il exposait ce qu'il voulait dire exactement et concrètement en exprimant cette singulière ambition :

« Supposons que deux individus – l'un d'eux bon dessinateur, l'autre sans aucun goût pour ce genre de chose – aillent se promener le long d'un chemin de campagne. Il y aura une grande différence dans la perception qu'ils auront tous les deux du même paysage. Le second verra un chemin et des arbres ; il verra que ces arbres sont verts, mais n'y fera pas plus attention que cela ; il verra que le soleil brille et produit un joyeux effet ; et c'est tout ! Mais que verra le dessinateur ? Son œil est habitué à chercher la source de la beauté et à en découvrir les plus infimes manifestations. Il lève les yeux, et observe comment les rayons du soleil filtrent à travers les feuilles luisantes, emplissant le sous-bois de lumière verte. Il voit ici et là un rameau émergeant du feuillage, il voit l'éclat de pierre précieuse de la mousse émeraude et les merveilleux lichens diaprés, blancs et bleus, pourpres et rouges, veloutés et mêlés en une seule parure magnifique. Puis les troncs caverneux et les racines tordues qui s'agrippent comme des serpents végétaux au talus abrupt, dont l'herbe est parsemée de fleurs arborant mille couleurs. Tout cela ne vaut-il pas d'être vu ? Pourtant, si vous n'êtes pas un dessinateur, vous passerez sur ce chemin et au retour n'aurez rien à en dire ou à évoquer, sinon que vous êtes passé sur tel ou tel chemin. »

John Ruskin, *Étrille*, vers 1870-1871

Nuages, gravure de J. C. Armytage d'après un dessin de J.M.W. Turner dans *Peintres modernes* de J. Ruskin, 1860

7.

Ruskin ne nous encourage pas seulement à dessiner au cours de nos voyages, il pense aussi que nous devrions écrire, ou comme il dit « peindre en mots » afin de consolider nos impressions de beauté. Si respecté qu'il fût durant sa vie pour ses dessins, ce furent ses peintures verbales qui frappèrent l'imagination du public et le rendirent célèbre à la fin de l'ère victorienne.

Les beaux sites nous font volontiers prendre conscience de nos limites en matière de langage. Dans la région des Lacs, écrivant une carte postale à un ami, j'avais expliqué – avec une hâte mêlée de découragement – que les paysages étaient jolis, et le temps humide et venteux. Ruskin eût attribué la pauvreté d'une telle prose plus à la paresse qu'à l'incompétence. Nous sommes tous, soutenait-il, capables de produire de bonnes peintures verbales. Nous n'échouons que parce que nous ne nous sommes pas posé assez de questions et n'avons pas été plus précis en analysant ce que nous voyions et ressentions. Plutôt que de nous contenter de trouver un lac joli, nous aurions dû nous demander par exemple : « Qu'y a-t-il de particulièrement attrayant dans cette étendue d'eau ? Qu'évoque-t-elle ? Quel meilleur mot puis-je trouver pour la décrire que "grande" ? » Le résultat n'aurait peut-être pas été génial, mais au moins il aurait été motivé par la recherche d'une expression authentique d'une expérience.

Ruskin fut irrité durant toute sa vie adulte par le refus des Anglais bien élevés de parler du temps autrement que d'une façon superficielle – en particulier par leur tendance à le qualifier simplement d'« humide » ou « venteux ». « Il est assurément étrange que l'on s'intéresse si peu au ciel. On n'y prête jamais vraiment attention, on n'en fait jamais un sujet de réflexion, on le considère seulement comme le lieu d'une série d'événements aussi dénués de sens que monotones, trop banals et trop futiles pour mériter un instant d'attention ou un regard admiratif. Si dans nos moments de complète oisiveté et d'ennui, nous nous tournons en dernier recours vers le ciel, desquels de ses phénomènes parlons-nous ? L'un dira que le temps est humide, un autre qu'il est venteux, et un autre qu'il est doux. Qui donc, dans toute cette foule caquetante, peut me parler des formes et des précipices de cette chaîne de hautes montagnes blanches qui dominait tout l'horizon à midi aujourd'hui ? Qui a vu le rayon de soleil venu du sud qui frappa leurs cimes jusqu'à ce qu'elles se dissolvent en une fine pluie bleutée ? Qui a vu la danse des nuages noirs, quand la lumière du soleil les quitta hier soir, et que le vent d'ouest les emporta comme des feuilles mortes ? »

La réponse était bien sûr Ruskin lui-même, qui se plaisait à dire fièrement, en un autre parallèle entre la fonction de l'art et le manger et le boire, qu'il mettait aussi soigneusement les cieux en bouteille que son père mettait en bouteilles le xérès qu'il importait. En voici deux exemples, tirés de son journal (Londres, automne 1857) :

1er novembre : Un matin vermillon – vagues d'écarlate pâle, aux contours nets et virant graduellement au pourpre. Nuages gris passant lentement dessous, venant du sud-ouest, amas de cumulus gris – entre les stratus et les cirrus – à l'horizon. Ce fut le prélude à une journée merveilleuse. [...] Lointains pourpres et bleus, soleil brumeux plus près sur les arbres, et champs verts. [...] À noter l'effet exquis des feuilles or sur le ciel bleu, et des marrons se détachant sur elles comme de minuscules étoiles noires.
3 novembre : Aube pourpre et rouge, délicate. Amoncellement de nuages gris, énorme à six heures. Puis le nuage pourpre embrasé apparaissant à travers, vaste ciel jaunâtre

au-dessus ; stratus d'un gris plus foncé le traversant en biais, du sud-ouest, rapidement mais sans jamais dévier de leur place dans le ciel, se dissipant enfin dans un ciel floconneux cuivré et gris, se fondant entièrement dans le matin gris.

8.
L'efficacité de la peinture verbale de Ruskin était due à ce qu'il ne décrivait pas seulement l'aspect d'un lieu (« l'herbe verte, la terre gris-brun »), mais analysait aussi son charme en termes psychologiques (« l'herbe *exubérante*, la terre *timide* »). Il savait que de nombreuses choses nous paraissent belles non en fonction de critères esthétiques – l'harmonie des couleurs ou la symétrie et les proportions –, mais de critères psychologiques, parce qu'elles incarnent une valeur ou une disposition d'esprit importante à nos yeux.

Un matin, à Londres, il observa des cumulus de sa fenêtre. Il aurait pu en faire une description factuelle et dire qu'ils formaient un mur presque entièrement blanc, avec quelques fissures laissant passer le soleil, mais il traita son sujet d'une façon plus psychologique : « Le vrai cumulus, le plus majestueux des nuages [...] est pour l'essentiel indépendant du vent, les mouvements de ses masses étant [c'est moi qui souligne] *solennels*, continus, *inexplicables*, avancées ou retraits réguliers, comme s'il était *animé* par une *volonté propre*, ou mû par une puissance invisible. »

Dans les Alpes, il décrivit aussi les sapins et les rochers en termes psychologiques : « Je suis toujours fort impressionné lorsque, au pied d'un escarpement alpin, je lève les yeux vers les sapins qui se dressent sur les saillies inaccessibles et les périlleuses corniches d'une immense paroi, en silencieuses multitudes, chacun pareil à l'ombre de son voisin, bien droit et immobile, *sans rien savoir des autres*. On ne peut les

John Ruskin, *Cimes alpines*, vers 1846

atteindre, fût-ce en criant – ces arbres n'ont jamais *entendu* une voix humaine ; ils sont bien au-dessus de tout autre bruit que celui du vent. Aucun pied n'a jamais foulé leurs feuilles. Ils se dressent là *sans le moindre réconfort*, et pourtant avec une telle *volonté de fer* que la roche elle-même a l'air misérable à côté d'eux – *fragile, faible, inconsistante*, au regard de ce que révèle de sombre énergie leur *existence délicate* et la *constance de leur sublime fierté*. »

À travers de telles descriptions, il semble que nous puissions mieux répondre à la question de savoir pourquoi un lieu ou une chose nous a émus. Nous nous rapprochons de l'objectif ruskinien : mieux comprendre ce que nous avons aimé.

9.
Il aurait été difficile de deviner que l'homme garé le long du trottoir, en face d'une rangée de hauts immeubles de bureaux, faisait de la peinture verbale. Le seul indice en était un bloc-notes posé sur le volant, sur lequel il griffonnait parfois quelque chose entre de longues périodes de contemplation.

Il était onze heures et demie du soir et j'avais roulé le long des quais pendant plusieurs heures, m'arrêtant pour boire un café à l'aéroport de Londres (où j'avais regardé avec envie le dernier avion de la journée, un Avro RJ 85 de Crossair, s'envoler pour Zurich – ou pour le « N'importe où ! n'importe où ! » de Baudelaire). En revenant chez moi, j'étais tombé sur les hautes tours illuminées des West India Docks. Elles semblaient sans rapport avec le paysage environnant, composé de maisons modestes faiblement éclairées. Elles auraient été plus à leur place sur les bords de l'Hudson ou à côté de la fusée de lancement de la navette spatiale à cap Canaveral. De la vapeur s'élevait du faîte de deux tours voisines, et le tout était enveloppé d'un léger brouillard. Des lumières étaient encore allumées à la plupart des étages, et même de loin on pouvait voir des terminaux informatiques, des salles de réunion, des plantes en pot et des tableaux à feuilles mobiles.

C'était beau, et avec cette impression de beauté venait le désir de la posséder et de la comprendre, désir qu'à en croire Ruskin seul l'art pouvait satisfaire réellement.

Je me mis à peindre en mots. Les passages descriptifs vinrent facilement : les tours étaient hautes, le faîte de l'une d'elles était en forme de pyramide, avec des lumières rouges sur le côté, le ciel n'était pas noir, mais teinté d'ocre jaune. Mais comme une description factuelle ne semblait guère m'aider à saisir pourquoi au juste cette vue était belle, je tentai d'analyser sa beauté en termes plus psychologiques. Cette beauté semblait due à l'effet de la nuit et du brouillard en ce lieu. La nuit attirait l'attention sur des aspects des tours qui restaient occultés pendant la journée. À la lumière du jour, elles pouvaient sembler normales, elles repoussaient les questions aussi efficacement que leurs vitres repoussaient les regards. Mais la nuit contrariait cette prétention à la normalité, elle permettait de voir à l'intérieur et de songer combien elles étaient étranges, effrayantes et admirables. Ces tours incarnaient l'ordre et la coopération entre des milliers de gens, et en même temps la discipline collective et l'ennui. La nuit sapait, ou du moins remettait en question, un symbole de sérieux bureaucratique. On se demandait dans l'obscurité à quoi pouvaient bien servir les tableaux à feuilles mobiles et les terminaux informatiques. Non qu'ils fussent vraiment superflus, mais ils pouvaient paraître plus incongrus et équivoques que la lumière du jour ne nous l'avait fait croire.

En même temps, le brouillard suscitait la nostalgie. Les nuits brumeuses peuvent, comme certaines odeurs, nous faire revivre des moments que nous avons vécus. Je songeai à ces nuits où je rentrais chez moi à l'université le long de terrains de sport illuminés, et aux différences entre ma vie d'alors et celle de maintenant, d'où une tristesse douce-amère à l'idée des difficultés qui me tourmentaient à l'époque et des choses précieuses que j'avais perdues depuis.

Il y avait maintenant des bouts de papier dans toute la voiture. Ma peinture verbale ne valait guère mieux que mon dessin enfantin d'un chêne dans la vallée Langdale, mais la qualité n'était pas l'essentiel. J'avais au moins tenté de suivre une des voies suggérées par ce que Ruskin jugeait être le double but de l'art : comprendre la souffrance et les sources de la beauté.

Et, comme il l'avait fait remarquer à un groupe d'élèves lorsqu'ils lui avaient présenté une série de dessins médiocres qu'ils avaient faits pendant leurs excursions dans la campagne anglaise : « Je pense que savoir regarder est plus important que savoir dessiner ; et je préfère enseigner le dessin afin que mes élèves apprennent à aimer la nature, qu'enseigner l'observation de la nature afin qu'ils apprennent à dessiner. »

RETOUR

IX

DE L'HABITUDE

Lieu	 *Hammersmith, Londres*
Guide	*Xavier de Maistre* 

1.
Je m'aperçus, en revenant à Londres de la Barbade, que la ville avait obstinément refusé de changer. J'avais vu des ciels bleus et des anémones de mer géantes, j'avais dormi dans un bungalow à toit de raphia et mangé un lampris tacheté, j'avais nagé à côté de bébés tortues et lu à l'ombre de cocotiers. Mais la ville n'était nullement impressionnée par tout cela. Il pleuvait toujours. Le parc était toujours inondé, et le ciel funèbre. Lorsqu'on est de bonne humeur et que le soleil brille, il est tentant d'établir un rapport entre ce qui se passe en soi et hors de soi, mais l'aspect de Londres à mon retour me rappelait l'indifférence du monde aux événements qui se produisent dans la vie de ses habitants. J'étais abattu ; il me semblait qu'il ne pouvait guère y avoir de pire endroit sur terre que celui où le sort m'avait condamné à passer mon existence.

2.

Tout le malheur des hommes vient d'une seule chose, qui est de ne savoir pas demeurer en repos dans une chambre.

Pascal, *Pensées*

3.

En 1799, Alexander von Humboldt entreprit un voyage en Amérique du Sud qui allait durer cinq ans, et intitula plus tard le récit qu'il en fit et la description de ce qu'il avait vu *Voyage aux régions équinoxiales du Nouveau Continent.*

Neuf ans plus tôt, au printemps de l'année 1790, un Français de vingt-sept ans, Xavier de Maistre, avait entrepris un voyage autour de sa chambre, qu'il avait raconté dans un livre intitulé précisément *Voyage autour de ma chambre.* Satisfait de cette expérience, il entreprit un second voyage en 1798. Cette fois il voyagea de nuit et s'aventura jusqu'au rebord de sa fenêtre, et intitula son récit *Expédition nocturne autour de ma chambre.*

Deux conceptions du voyage : *Voyage aux régions équinoxiales du Nouveau Continent* ; *Voyage autour de ma chambre.* Le premier exigeait dix mules, trente malles, quatre interprètes, un chronomètre, un sextant, deux lunettes d'approche, un théodolite Borda, un baromètre, une boussole, un hygromètre, des lettres de créance du roi d'Espagne et un fusil. Le second, un pyjama en coton rose et bleu.

Xavier de Maistre est né en 1763 dans la pittoresque ville de Chambéry, au pied des Alpes françaises. D'une nature ardente et passionnée, il adorait lire, surtout Montaigne, Pascal et Rousseau, et aimait la peinture, surtout les tableaux d'intérieurs hollandais et français. À vingt-trois ans il s'enthousiasma pour les débuts de l'aéronautique. Étienne de Montgolfier avait acquis une renommée internationale trois ans auparavant en construisant un ballon qui s'était élevé pendant huit minutes au-dessus du palais de Versailles, avec comme passagers un mouton appelé Montauciel, un canard et un coq. De Maistre et un de ses amis confectionnèrent une paire d'ailes géantes avec du papier et du fil de fer, dans l'espoir – hélas déçu – de voler jusqu'en Amérique. Deux ans plus tard, de Maistre put prendre place dans la nacelle d'un ballon à air chaud et survola brièvement les environs de Chambéry avant que l'engin ne s'écrase dans une forêt de sapins.

Puis, en 1790, alors qu'il vivait dans un modeste appartement au dernier étage d'un immeuble turinois, il fut le premier à expérimenter un mode de voyage qui allait le rendre célèbre : le voyage en chambre.

En présentant le *Voyage autour de ma chambre*, son frère, le théoricien politique Joseph de Maistre, souligna que Xavier n'avait nullement l'intention de dénigrer les actions héroïques des grands voyageurs du passé : « Magellan, Drake, Anson et Cook. » Magellan avait découvert une route maritime vers les îles des épices par le cap Horn, Drake avait navigué tout autour du globe, Anson avait dressé des cartes marines précises de l'archipel des Philippines et Cook avait confirmé l'existence d'un continent austral. « Ils furent sans doute des hommes remarquables », écrivit Joseph, mais le fait était que son frère avait découvert une façon de voyager qui pourrait être infiniment plus pratique pour tous ceux qui n'étaient ni aussi braves ni aussi riches qu'eux.

« Des milliers de personnes qui avant moi n'avaient pas osé, d'autres qui n'avaient pu, d'autres enfin qui n'avaient pas songé à voyager, vont s'y résoudre à mon exemple, expliqua Xavier en se préparant pour son voyage. L'être le plus indolent hésiterait-il à se mettre en route avec moi pour se procurer un plaisir qui ne lui coûtera ni peine ni argent ? » Il recommandait particulièrement le voyage en chambre aux pauvres et à ceux qui craignaient les tempêtes, le brigandage et les précipices.

4.

Malheureusement son propre voyage inédit, comme sa machine volante, ne le mena pas très loin.

L'histoire commence bien. Il s'enferme dans sa chambre et enfile son pyjama rose et bleu. Pas besoin de bagages : il va jusqu'au divan, le plus grand meuble de la pièce. Cette première étape l'ayant tiré de sa léthargie habituelle, il le regarde d'un œil neuf et redécouvre certaines de ses qualités. Il admire l'élégance de ses pieds et se remémore les heures agréables qu'il a passées sur ses coussins, à rêver d'amour et d'avancement dans sa carrière. De son divan il observe son lit. De nouveau il apprend à apprécier ce meuble complexe, du point de vue avantageux du voyageur. Il lui est reconnaissant pour les nuits qu'il y a passées, et fier que ses draps soient presque assortis à son pyjama. « Je conseille à tout homme qui le pourra d'avoir un lit rose et blanc », écrit-il, car ce sont des couleurs propres à inspirer de douces rêveries au mauvais dormeur.

Mais ensuite il peut être accusé de perdre de vue son dessein initial. Il s'enlise dans de longues et fastidieuses digressions au sujet de sa chienne Rosinne, de sa bonne amie Jenny et de son fidèle serviteur Joannetti. Ceux qui cherchent un exposé précis sur le voyage en chambre risquent de refermer le *Voyage autour de ma chambre* en se sentant un peu trahis.

Et pourtant son ouvrage est le fruit d'une profonde et riche intuition, à savoir que le plaisir qu'on retire des voyages dépend peut-être plus de sa propre disposition d'esprit que de sa destination. Si l'on pouvait voir les lieux où on vit avec les yeux d'un voyageur, on les trouverait peut-être aussi intéressants que les hauts cols de montagne et les forêts pleines de papillons de l'Amérique du Sud de von Humboldt.

Qu'est donc une attitude de voyageur ? On pourrait

dire que la réceptivité est sa caractéristique principale. Nous abordons les lieux nouveaux avec humilité. Nous n'y venons pas avec des idées rigides sur ce qui est intéressant ou non. Nous irritons les autochtones en restant plantés sur des refuges routiers ou dans des ruelles et en admirant ce qu'ils considèrent comme des détails insignifiants. Nous risquons de nous faire écraser parce que nous sommes intrigués par le toit d'un bâtiment public ou par une inscription sur un mur. Nous trouvons tel supermarché ou tel coiffeur étrangement fascinant. Nous nous arrêtons longuement sur l'aspect d'un menu ou sur les vêtements des présentateurs du journal du soir. Nous sommes sensibles à ce que le présent recèle d'histoire et prenons des notes et des photos.

On est beaucoup moins curieux en revanche des lieux où on vit. On est persuadé d'en avoir découvert tout ce qu'ils ont d'intéressant, du fait essentiellement qu'on y a longtemps vécu. Il semble inconcevable qu'il puisse y avoir quelque chose de nouveau à trouver dans un endroit où on vit depuis dix ans ou plus. On s'y est habitué et on ne le voit donc plus.

De Maistre tenta de nous arracher à notre passivité. Dans le second volume de ses récits de voyage en chambre, *Expédition nocturne autour de ma chambre*, il va à sa fenêtre et contemple le ciel étoilé. Sa beauté lui fait regretter que de tels spectacles, ordinaires et quotidiens, ne soient pas plus souvent appréciés : « Combien peu de personnes [...] jouissent maintenant avec moi du spectacle sublime que le ciel étale inutilement pour les hommes assoupis ! [...] qu'en coûterait-il à ceux qui se promènent, à ceux qui sortent en foule du théâtre, de regarder un instant et d'admirer les brillantes constellations qui rayonnent de toutes parts sur leur tête ? » La raison pour laquelle ils ne les regardaient pas, c'est qu'ils ne l'avaient jamais fait. Ils s'étaient habitués à juger leur univers ennuyeux – et celui-ci s'était dûment conformé à l'idée qu'ils s'en faisaient.

5.
Je tentai de voyager autour de ma chambre, mais elle était si petite – il y avait à peine assez d'espace pour un lit – que je conclus que la leçon demaistrienne pourrait s'avérer plus gratifiante si elle était appliquée au quartier dans son ensemble.

Ainsi par une belle journée de mars, vers trois heures de l'après-midi, plusieurs semaines après mon retour de la Barbade, j'entrepris un voyage demaistrien dans Hammersmith. Cela faisait tout drôle d'être dehors au milieu de la journée sans but particulier en tête. Une femme et deux petits enfants blonds marchaient le long de la rue principale, qui était bordée de nombreux magasins et restaurants. Un bus à impériale s'était arrêté pour prendre des passagers en face d'un petit parc. Un panneau géant arborait une publicité pour une certaine sauce. J'avais marché presque chaque jour le long de cette rue pour atteindre ma station de métro, et je n'avais pas l'habitude de la considérer comme autre chose qu'un moyen pour parvenir à cette fin. Les éléments visuels qui m'y aidaient attiraient mon attention, les autres étaient jugés inutiles. Ainsi étais-je sensible au nombre de gens sur le trottoir, car ils pourraient me ralentir, tandis que leurs visages et expressions étaient pour moi invisibles, aussi invisibles que les formes des bâtiments ou l'activité dans les magasins.

Il n'en avait pas toujours été ainsi. Quand je m'étais installé là, mon attention avait été moins jalousement accaparée. Je ne m'étais pas concentré aussi exclusivement sur mon but : atteindre rapidement la station de métro.

Quand on occupe un nouveau lieu, on est d'abord

sensible à un grand nombre d'éléments, qu'on réduit graduellement en fonction de ce qu'en vient à représenter pour soi ce lieu. De toutes les choses qui peuvent s'offrir à notre vue et stimuler notre esprit dans une rue, nous finissons par n'être activement conscient que de trois ou quatre : le nombre d'individus sur notre chemin, la densité de la circulation, la probabilité qu'il pleuve ou non... Un bus, qu'on a peut-être considéré d'abord d'un point de vue esthétique ou mécanique ou bien comme un tremplin à des réflexions sur les diverses communautés dans les villes, devient simplement un moyen de traverser le plus rapidement possible un quartier qui pourrait aussi bien ne pas exister, tant il est étranger à notre objectif principal, en dehors duquel tout est obscurité, tout est invisible.

J'avais imposé ma propre grille d'attention et d'intérêt à cette rue, qui laissait peu de place aux enfants blonds, aux publicités pour des sauces, aux couleurs des vitrines de magasins et aux expressions des gens, actifs ou retraités, que je croisais. L'importance que revêtait alors pour moi mon objectif principal m'avait ôté la volonté de réfléchir à l'agencement du parc ou au mélange inhabituel d'architecture géorgienne, victorienne et edwardienne dans une seule rue. Mes trajets avaient été amputés de toute attention à la beauté, de toute réflexion associative, de tout sentiment d'admiration ou de gratitude, de toute digression philosophique suscitée par des éléments visuels. Il n'y avait eu, au lieu de cela, qu'une exigence pressante d'atteindre la station de métro le plus rapidement possible.

Cependant, à l'instar de Xavier de Maistre, je tentai d'annuler l'effet de l'habitude, de dissocier mon environnement de l'usage que je lui avais trouvé jusque-là. Je me forçai à obéir à une singulière injonction men-

La chambre de l'auteur

tale : regarder autour de moi comme si je n'avais encore jamais été là. Et lentement, mes efforts commencèrent à porter des fruits.

Grâce à cette injonction de tout considérer comme potentiellement intéressant, les objets révélèrent des qualités latentes. Une rangée de magasins que je n'avais perçue que comme un long bloc rougeâtre indifférencié acquit une identité architecturale. Il y avait des colonnes georgiennes devant l'entrée d'une boutique de fleuriste, et des gargouilles victoriennes de style gothique au-dessus de la boucherie. Un restaurant s'avéra rempli de consommateurs plutôt que de simples formes. Je remarquai des gens qui gesticulaient dans une salle de réunion au premier étage d'un immeuble de bureaux à façade de verre. Quelqu'un dessinait un graphique circulaire sur un écran à l'aide d'un rétroprojecteur. En même temps, juste en face, de l'autre côté de la rue, un ouvrier déchargeait de nouvelles plaques de béton pour le trottoir et les alignait soigneusement. Je montai dans un bus et, plutôt que de m'absorber aussitôt dans mes propres pensées, essayai de me rapprocher en esprit des autres passagers. J'entendais des gens discuter devant moi. Quelqu'un dans un bureau quelque part, une personne assez haut placée apparemment, ne comprenait pas. Ils se plaignaient de l'incompétence d'autrui, mais ne pensaient jamais à ce qu'ils avaient pu faire pour accroître cette incompétence. Je songeai à la multitude d'existences qui se déroulent en même temps à différents niveaux dans une ville. Je songeai à la similitude des griefs – toujours l'égoïsme, toujours l'incompréhension –, et à cette vieille vérité psychologique que ce que nous reprochons aux autres, les autres nous le reprocheront aussi.

Le quartier ne s'emplissait pas seulement de gens et de bâtiments plus nettement perçus, il commençait aussi à susciter des idées. Je pensai à la nouvelle richesse qui s'y répandait. J'essayai de savoir pourquoi j'aimais tant les arches de viaducs ferroviaires, et le pont autoroutier qui barrait la ligne des toits au loin.

Cela semblait être un avantage de flâner ou voyager seul. Nos réactions aux choses sont fortement influencées par les êtres avec qui nous sommes, nous modérons notre curiosité pour nous conformer à ce qu'ils attendent de nous. Ils peuvent se faire de nous une idée particulière, et empêcher ainsi subtilement certains aspects de nous-mêmes d'apparaître. « Je ne pensais pas à toi comme à quelqu'un qui peut s'intéresser aux ponts routiers », pourraient-ils dire d'une façon quelque peu intimidante. Le fait d'être observé par une compagne ou un compagnon peut nous retenir d'observer librement les autres, nous sommes pris par le désir de nous ajuster à ce que suggèrent ses questions et remarques, nous devons nous efforcer de paraître plus normaux qu'il n'est bon pour notre curiosité. Mais je n'avais pas de telles préoccupations, seul dans Hammersmith au milieu de l'après-midi. J'avais la liberté d'agir un peu bizarrement. Je fis le croquis de la vitrine d'une quincaillerie et une peinture verbale du pont routier.

6.
De Maistre ne fut pas seulement un voyageur en chambre. Il fut aussi un grand voyageur au sens habituel du terme. Il alla en Italie et en Russie, il passa un hiver avec les troupes royalistes dans les Alpes et prit part à une campagne russe dans le Caucase.

Dans une note autobiographique écrite en 1801 en Amérique du Sud, Alexander von Humboldt évoqua les raisons qui l'avaient poussé à voyager : « J'étais mû par un vague désir d'être emporté d'une ennuyeuse vie quotidienne vers un monde merveilleux. » C'était cette dichotomie, « ennuyeuse vie quotidienne » opposée à « monde merveilleux », que de Maistre avait essayé de reformuler avec une plus grande subtilité. Il n'aurait pas dit à Humboldt que l'Amérique du Sud était ennuyeuse, il l'aurait simplement incité à considérer que son Berlin natal avait peut-être quelque chose à offrir aussi.

Quatre-vingts ans plus tard, Nietzsche, qui avait lu et admiré de Maistre (et passé beaucoup de temps dans sa chambre), reprit cette idée :

Quand on voit comment certaines gens savent faire en sorte que leurs expériences – leurs expériences insignifiantes de chaque jour – deviennent un terreau qui porte fruit trois fois l'an, tandis que d'autres – et combien ! – sont entraînés par les puissantes vagues du destin, les courants les plus variés des temps et des peuples, sans cesser pourtant d'être ballottés à la surface comme des bouchons de liège, on est tenté de diviser l'humanité en une minorité (une minimalité) d'hommes qui savent faire de peu beaucoup, et une majorité de ceux qui savent faire de beaucoup peu de chose.

Nous rencontrons des gens qui ont traversé des déserts et des banquises et se sont frayé à grand-peine un chemin à travers des jungles sauvages – et pourtant dans les âmes desquels on chercherait en vain une trace de ce qu'ils ont vécu. Vêtu d'un pyjama rose et bleu, satisfait des limites de sa propre chambre, Xavier de Maistre nous encourage discrètement à essayer, avant de partir pour de lointaines contrées, de remarquer ce que nous n'avons fait que voir.

Remerciements

À Simon Prosser, Michele Hutchison, Caroline Dawnay, Miriam Gross, Noga Arikha, Nicole Aragi, Dan Frank et Oliver Klimpel.

Crédits photographiques

p. 13 Hammersmith Broadway, dans *Atlas des rues de Londres*. Reproduit avec l'aimable autorisation de Geographers' A-Z Map Co. Ldt. © Crown Copyright 2001.

p. 13, 31, 231 Une plage de la Barbade. © Bob Krist/CORBIS.

p. 13 Portrait de Joris-Karl Huysmans (détail), photographie de Dornac, années 1890. © Archives Larousse, Paris/Bridgeman Art Library.

p. 18-19 William Hodges, *Retour à Tahiti*, huile sur toile, 1776. © National Maritime Museum, Londres.

p. 28-29 Jacob Van Ruysdael, *Vue d'Alkmaar*, huile sur toile, 1670-1675. Fonds E.W. Longfellow. Avec l'aimable autorisation du musée des Beaux-Arts de Boston. © 2000, tous droits réservés.

p. 39 Charles Baudelaire vers 1860, photo © Collection Hulton-Deutsch/CORBIS.

p. 39 Edward Hopper vers 1940, photographié par Oscar White. © Oscar White/CORBIS.

p. 64 Edward Hopper, *Automate*, huile sur toile, 1927. © Francis G. Mayer/CORBIS.

p. 67 Edward Hopper, *Essence*, huile sur toile, 1940. Musée d'Art moderne, New York. Fonds S. Guggenheim. Photo © 2000, musée d'Art moderne, New York

p. 70 Edward Hopper, *Compartiment C, voiture 293*, huile sur toile, 1938. © Geoffrey Clements/CORBIS.

p. 72-73 Edward Hopper, *Chambre d'hôtel*, huile sur toile, 1931. © Museo Thyssen-Bornemisza, Madrid.

p. 77 Gustave Flaubert, photo © Bettmaun/CORBIS.

p. 84 Eugène Delacroix, *Portes et fenêtres dans une maison arabe* (détail), aquarelle et crayon, 1832. Département des Arts graphiques, musée du Louvre. Photo © RMN – Gérard Blot.

p. 93 *Le Bazar des marchands de soie au Caire*, lithographie de Louis Haghe d'après un dessin de David Roberts dans *Égypte et Nubie*, publié par F.G. Moon, 1849, Londres. Reproduite avec l'aimable autorisation de la British Library.

p. 97 *Maisons du Caire*, gravure extraite de *Les Us et coutumes des Égyptiens modernes* d'Edward William Lane, 1842, Londres.

p. 103 Eugène Delacroix, *Femmes d'Alger dans leur appartement*, huile sur toile, 1834. Musée du Louvre. Photo © RMN – Arnaudet, J. Schormans.

p. 106 Gustave Flaubert au Caire en 1850, photographié par Maxime Du Camp. © RMN – B. Hatala.

p. 113 Eduard Ender, *Alexander von Humboldt et Aimé Bonpland au Venezuela* (détail), huile sur toile, vers 1850. Brandenburgische Akademie der Wissenschaften, Berlin/ AKG Londres.

p. 118 Eduard Ender, *Alexander von Humboldt et Aimé Bonpland au Venezuela*, huile sur toile, vers 1850. Brandenburgische Akademie der Wissenschaften, Berlin/AKG Londres.

p. 128 *Esmeralda, sur l'Orénoque* (dans *Vues de l'intérieur de la Guyane*), gravure de Paul Gauci d'après une lithographie de Charles Bentley (1806-1854). Stapleton Collection/Bridgeman Art Library.

p. 131 Friedrich Georg Weitsch, *Alexander von Humboldt et Aimé Bonpland au pied du Chimborazo*, huile sur toile, 1810. Staatliche Schlösser und Gärten/AKG Londres.

p. 134-135 *Géographie des plantes équinoxiales*, dans *Tableau physique des Andes et Pays voisins* (1799-1803), d'Alexander von Humboldt et Aimé Bonpland. © Royal Geographical Society.

p. 143 Benjamin Robert Haydon, *William Wordsworth* (détail), huile sur toile, 1842. Avec l'aimable autorisation de la National Portrait Gallery Londres.

p. 160-161 Philip James de Loutherbourg, *La Wye à Tintern Abbey*, huile sur toile, 1805. Musée Fitzwilliam, université de Cambridge/Bridgeman Art Library.

p. 166 Asher B. Durand, *Âmes sœurs*, huile sur toile, 1849. Collections de la Bibliothèque de New York ; Fondations Astor, Lenox et Tilden.

p. 171 Sir Joshua Reynolds, *Edmund Burke* (détail), huile sur toile, 1771. Avec l'aimable autorisation de la National Portrait Gallery Londres.

p. 171 Léon Bonnat, *Job* (détail), huile sur toile. Musée Bonnat, Bayonne/Lacros/Bridgeman Art Library.

p. 174 Albert Bierstadt, *Montagnes Rocheuses, Lander's Peak*, huile sur tissu, 1863. Avec l'aimable autorisation du Fogg Art Museum, Harvard University. Photo © 2001 Président et associés du Harvard College.

p. 176-177 Philip James de Loutherbourg, *Avalanche dans les Alpes*, huile sur toile, 1803. Tate Museum, Londres. © Tate, Londres 2001.

p. 178 Caspar David Friedrich, *Les Blanches Falaises de Rügen*, huile sur toile, 1818. Collection Oskar Reinhart, Winterthur/AKG Londres.

p. 197 Vincent Van Gogh, *Autoportrait*, huile sur bois, 1886-1887. Collection J. Winterbotham, Art Institute of Chicago. Photo © 2001, Art Institute of Chicago, tous droits réservés.

p. 209 Vincent Van Gogh, *Cyprès*, crayon, plume et roseau, encre brune et noire sur papier, 1889. Brooklyn Museum of Art, fonds F.L. Babbott et A.A. Healy. © 2001 Brooklyn Museum of Art, New York.

p. 210 Vincent Van Gogh, *Champ de blé avec cyprès* (détail), crayon noir, plume et roseau, encre brune sur papier, 1889. Musée Van Gogh, Amsterdam/Fondation Van Gogh.

p. 214   Vincent Van Gogh, *Oliveraie*, huile sur toile, 1889. Collection du Rijksmuseum au musée Kröller-Müller, Otterlo.

p. 217   Vincent Van Gogh, *La Maison jaune, Arles*, huile sur toile, 1888. Rijksmuseum, Amsterdam/AKG Londres.

p. 229   Vincent Van Gogh, *Coucher de soleil : champs de blé près d'Arles*, huile sur toile, 1888. Kunstmuseum Winterthur, Winterthur. © 2001.

p. 231   West India Docks, *Atlas des rues de Londres*. Avec l'aimable autorisation de Geographers' A-Z Maps Co. Ltd. © Crown Copyright 2001.

p. 231   Sir Hubert von Herkomer, *John Ruskin* (détail), aquarelle, 1879. Avec l'aimable autorisation de la National Portrait Gallery Londres.

p. 241   John Ruskin, *Étude d'une plume de gorge de paon*, aquarelle, 1873. Collection de la Guilde de saint George, Sheffield Galleries & Museums Trust.

p. 244   *Branches*, croquis de John Ruskin dans *Les Éléments du dessin*, du même, 1857, Londres.

p. 247   John Ruskin, *Étrille*, crayon, aquarelle et gouache sur papier gris-bleu, vers 1870-1871. Ashmolean Museum, Oxford/Bridgeman Library.

p. 248   *Nuages*, gravure de J.C. Armytage d'après un dessin de J.M.W. Turner dans *Peintres modernes* de John Ruskin, vol. 5, 1860, Londres.

p. 252   John Ruskin, *Cimes alpines*, crayon, aquarelle et gouache sur trois feuilles jointes, vers 1846. Birmingham Museums & Art Gallery.

p. 259   *Le Comte Xavier de Maistre* (détail), gravure du baron de Steuben. Photo © Roger Viollet.

Toutes les autres photographies ont été prises par l'auteur.

Les mots du bonheur

(Pocket n°11286)

Lorsque le quotidien semble se dérober sous le poids de nos soucis, pouvoir compter sur les grands philosophes est un véritable réconfort. En six chapitres, six penseurs viennent ainsi apporter une réponse à nos tourments : Épicure nous délivre de l'angoisse de manquer d'argent, Sénèque nous soulage de nos frustrations, et Schopenhauer trouve un remède à nos chagrins d'amour… Avec humour et tendresse, Alain de Botton nous emmène bien loin, sur la voie de la sagesse.

Il y a toujours un Pocket à découvrir

L'éducation sentimentale

(Pocket n°10081)

Chloé avait une chance sur 5 840,82 de le rencontrer, et une probabilité plus incertaine encore de tomber sous son charme et qu'il réponde à cet amour. Et pourtant, c'est arrivé, à bord du vol British Airways Paris-Londres de dix heures quarante-cinq. Au fil des réflexions d'écrivains et de philosophes, nous suivons pas à pas l'histoire de cet amour poétique et mystérieux, qui pourrait être le vôtre…

Il y a toujours un Pocket à découvrir

Clinique d'une passion

(Pocket n°10080)

Alice, une Londonienne de 24 ans, se languit de rencontrer l'âme sœur. Aussi, lorsqu'elle se lie avec Éric dans une soirée mondaine, elle se jette à corps perdu dans cette liaison. Mais après des débuts aussi enflammés qu'enthousiastes, certains désaccords surgissent et Éric semble peu à peu glisser dans l'indifférence... Alain de Botton dresse ici un tableau complet et éclairé sur la place de l'amour non partagé dans nos sociétés.

Il y a toujours un Pocket à découvrir

Impression réalisée sur Presse Offset par

BRODARD & TAUPIN

GROUPE CPI

25867 – La Flèche (Sarthe), le 22-09-2004

Dépôt légal : septembre 2004

POCKET – 12, avenue d'Italie - 75627 Paris cedex 13
Tél. : 01.44.16.05.00

Imprimé en France